Andreas Baar

111 Orte im Münchener Umland, die man gesehen haben muss

emons:

MIX
Papier aus verantwortungsvollen Quellen
FSC® C010135

Bibliographische Information der Deutschen Nationalbibliothek
Die Deutsche Nationalbibliothek verzeichnet diese Publikation in der Deutschen Nationalbibliografie; detaillierte bibliografische Daten sind im Internet über http://dnb.d-nb.de <http://dnb.d-nb.de/> abrufbar.

Gestaltung: Ute Lübbeke, www.lnt-design.de
Kartographie: Udo Beha
Kartengrundlage: Landesamt für Vermessung und Geoinformation, München

Druck und Bindung: B.O.S.S Druck und Medien GmbH, Goch
Printed in Germany 2012
Erstausgabe 2010
ISBN 978-3-89705-705-0
Originalausgabe

Vorwort

Varus war schon mal in Oberammergau, der Papst in Tittmoning, Luise Rinser in Wessobrunn, Ganghofer in Welden und der »Wasi« mag die Bauernhäuser am Schliersee sowieso. Alles Menschen, die 111 Orte rund um München so interessant und besuchenswert machen. Das Umland der Landeshauptstadt hat nämlich eine Menge zu bieten. Viel mehr als mancher Besucher – aber, geben wir es ruhig zu, auch der Einheimische – glaubt zu kennen. Da gibt selbst der bekannteste Ausflugsberg noch ein charmantes Geheimnis preis. Oder wussten Sie, dass es unterhalb des Herzogstands noch Reste einer Rodelbahn gibt? Dass Weihenstephan nicht nur braut, sondern auch einen grünen Daumen hat? Dass der Wanderer auf dem Schmugglerpfad am Klobenstein gute Nerven braucht?

111 Orte, die zeigen, dass Laptop und Lederhose nicht das Einzige sind im weiß-blauen Süden. Dieses Buch erzählt, wie es dazu kam, dass ein exzentrischer Sammler plötzlich ein kleines Dorf am Starnberger See so toll fand und warum ein Bunker in Waldkraiburg immens wichtig für die Stadtgeschichte wurde. Klar, dass überall in Bayern Biergärten verführerisch zur Brotzeit einladen – aber garantiert nur wenige haben ein Strandbad, Dampfersteg, Bergblick und den Blues im Angebot.

Es sind Geschichten aus einer Region, die so vielfältig ist wie ihre Menschen. Wie ihre Landschaft zwischen Donau und Alpen. Geschichten, die liebenswert sind, wie die von einem Römerturm, der überhaupt nichts mit Römern zu tun hat. Es gibt aber auch nachdenkliche Geschichten, wie die von Menschen, denen die Höhe des Obersalzbergs mehr als nur zu Kopf gestiegen war. Es heißt aber auch, Mystisches zu erzählen aus tiefen Wäldern und wilden Flusstälern. Und berichten von den schönen Künsten, die eigene Häuser haben oder in einer einfachen Gartenlaube zur Welt kamen.

Sie sehen, lieber Leser: Es gibt viel zu erleben rund um München. Höchste Zeit, sich auf Entdeckungstour zu begeben. 111 Mal.

111 Orte

1 ____ Das Feuersteinbergwerk von Abensberg
Riesige Anlage in der Steinzeit | 10

2 ____ Die Altoquelle in Altomünster
Im Wald leben die Legenden | 12

3 ____ Die Promis von Ambach
Mit dem Fahrrad auf einer Tour de Neid | 14

4 ____ Der Golfplatz in Aschheim
Schnupperkurs am Stadtrand | 16

5 ____ Der Bismarckturm von Assenhausen
Erinnerung an den Eisernen Kanzler | 18

6 ____ Die Ausgrabungen auf dem Auerberg
Römer und Rennfahrer | 20

7 ____ Die Fußballarena in Augsburg
Der FC gönnt sich was zum Aufstieg | 22

8 ____ Die Luther-Tür in Augsburg
Durch einen Mauerschlupf flüchtete der Reformator | 24

9 ____ Der Hörnle-Lift in Bad Kohlgrub
Vorbild für die GSG 9 | 26

10 ____ Das Weinhaus in Bad Tölz
In einem Fresko wird Geschichte lebendig | 28

11 ____ Die Glashütte in Benediktbeuern
Im Kloster begann eine Optik-Karriere | 30

12 ____ Der Obersalzberg bei Berchtesgaden
Des Führers Gipfel | 32

13 ____ Der Busch-Woods-Park in Bernried
Grüne Oase mit Fenstern | 34

14 ____ Das Generationenprojekt in Blumenthal
Eine moderne Kommune braut Biobier | 36

15 ____ Der Brünnstein
Aussichtskanzel im Mangfall | 38

16 ____ Die Ruine Werdenfels in Burgrain
Unheimliche Hexenprozesse | 40

17 ____ Die Neue Galerie in Dachau
Mit Kunst aus dem KZ-Schatten | 42

18 ____ Die Uferpromenade in Dießen
Rekorde am Ammersee | 44

19 ____ Der Ebersberger Forst
Ein kritisches Umweltmuseum in Wald | 46

20 ____ Die Betonbrücke in Echelsbach
Ein Wunder der Ingenieurskunst | 48

21 ____ Der Urzeitsteinbruch von Eichstätt
Spannende Fossiliensuche für jedermann | 50

22 ____ Das Römerkastell in Eining
Die größte erforschte Anlage in Bayern | 52

23 ____ Das Römermuseum in Epfach
Offenes Museum im Feuerwehrhaus | 54

24 ____ Die Therme in Erding
Europas größter Badetempel | 56

25 ____ Der Flughafen im Erdinger Moos
Blick hinter »Franz-Josef-Strauß« | 58

26 ____ Der Hochwasserschutz in Eschenlohe
Ein Bett aus Beton für 6 Millionen Euro | 60

27 ____ Die Holzbrücke in Essing
Europas längster Holzübergang | 62

28 ____ Der Sylvensteinspeicher bei Fall
Ein Dorf musste umziehen | 64

29 ____ Der Windachspeicher bei Finning
Badekonkurrenz für den Ammersee | 66

30 ____ Das Traumpaar von Fischbach
Barocke Kirche und gemütlicher Biergarten | 68

31 ____ Die Gärten in Freising
Casino der Mönche und grüner Daumen | 70

32 ____ Das Renaissancegeläut von Freising
500 Jahre alter Klang | 72

33 ____ Das Kunsthaus in Fürstenfeldbruck
Raum für Kultur in Nummer 10 | 74

34 ____ Die Schanze in Garmisch-Partenkirchen
Das neue Wahrzeichen des Wintersportorts | 76

35 ____ Die Landwerkstätten in Glonn
Die Ökobetriebe sind ein bisserl anders | 78

36 ____ Das Opernfestival in Halfing
Klassik trifft Kuhstall | 80

37 ____ Die Gindelalm bei Hausham
Bergleben zwischen drei Hausnummern | 82

38 ____ Die alte Rodelbahn unterm Herzogstand
Einst ein Mekka der Wintersportler | 84

39 ____ Das Panorama von der Hochries
Gipfel wird gern links liegen gelassen | 86

40 ____ Der Sendemast auf dem Hohen Peißenberg
Hightech, Wissenschaft und Tradition | 88

41 ____ Das Buchheim-Museum in Höhenried
Große Sammlung von Expressionisten | 90

42 ____ Die Osterseen in Iffeldorf
Geschützter Schatz aus der Eiszeit | 92

43 ____ Das Anatomische Theater in Ingolstadt
Nichts für schwache Nerven | 94

44 ____ Das Audi Forum in Ingolstadt
Tiefer Blick auf die Autoproduktion | 96

45 ____ Der Waldkletterpark in Jetzendorf
Spielplatz in 23 Metern Höhe | 98

46 ____ Das Naturzentrum auf der Karwendelspitze
Der etwas andere Bergblick | 100

47 ____ Das Crescentiakloster Kaufbeuren
Die Heilige lächelt von der Fassade | 102

48 ____ Die Ruine Haltenberg bei Kaufering
Die einzige Burg im Lechrain | 104

49 ____ Die Befreiungshalle in Kelheim
Antike Vorlieben eines Königs | 106

50 ____ Der Wachtl-Express in Kiefersfelden
Schmalspurbahn rüber nach Tirol | 108

51 ____ Der Mittelpunkt in Kipfenberg
Richtig drin im Freistaat | 110

52 ____ Der Römerturm in Kleinkemnat
Theaterbühne und Aussichtsplatz zugleich | 112

53 ____ Die Hängebrücke am Klobenstein
Auf den Spuren der Schmuggler | 114

54 ____ Der Infopfad in Königsdorf
Geschichte, Gesellschaft und Industrie im Tölzer Land | 116

55 ____ Das Rennbob-Taxi vom Königssee
Mit Tempo 120 durch den Eiskanal | 118

56 ____ Der Schlupfaltar in Koppenwall
Ein uralter Brauch gegen Kreuzschmerzen | 120

57 ____ Das Landesarboretum im Kranzberger Forst
Die ganze Welt des Waldes auf 80 Hektar | 122

58 ____ Das Gefängnis in Landsberg
Die Haftanstalt, die durch Hitler berühmt wurde | 124

59 Die Goldwaschanlage in Landshut
Suche nach dem großen Glück | 126

60 Der Ziegelturm in Landshut
St. Martin bricht alle Rekorde | 128

61 Das Fendt Forum in Marktoberdorf
Geburtsort des »Dieselroß« | 130

62 Der Haarsee bei Marnbach
Badeplatz mit Geschichte | 132

63 Die Lechstaustufe 22 bei Mering
Vom Industriebau zum Naherholungsgebiet | 134

64 Die Brunnenbuberl von Mühldorf
Steingestalten wachen übers Wasser | 136

65 Die Fußgängerzone in Murnau
Einkaufsbummel mit Bergblick | 138

66 Die Wolfsschlucht in Neubeuern
Gute Geschäfte mit Mühlsteinen | 140

67 Die Vertriebenensiedlung Neugablonz
Böhmischer Schmuck im Unterland | 142

68 Das Bauernhof-Museum in Neuhaus
Markus Wasmeiers Traum | 144

69 Der Mühlbach in Nußdorf
Das Wasser brachte dem ganzen Dorf viel Arbeit | 146

70 Der Döttenbichl bei Oberammergau
Auf dem uralten Kultplatz kämpfte Varus | 148

71 Die Porzellansammlung in Oberschleißheim
Meißener Kunst in der Residenz | 150

72 Die Pähler Schlucht
Schwer zu finden, aber es lohnt sich | 152

73 Der Eibenwald in Paterzell
Mystik unter den heiligen Bäumen | 154

74 Der Ziegelmeierschacht in Peißenberg
Diskrete Erinnerung an den Bergbau | 156

75 Die Stadthalle in Penzberg
Franz Josef Strauß musste draußen bleiben | 158

76 Das Isar-Zentrum bei Plattling
Paradies am Fluss | 160

77 Die Brauerei im Kloster Reutberg
Zusammen produzieren die Bauern ihr eigenes Bier | 162

78 Die Asamkirche in Rohr
Böhmische Mönche und barocker Kunstschatz | 164

79 ____ Der Lokschuppen in Rosenheim
Denkmal und Magnet fürs kulturelle Leben | 166

80 ____ Die Strauß-Gruft in Rott
Wallfahrtsstätte für CSU-Fans | 168

81 ____ Der Milchweg in Rottenbuch
Werbung für die Bauern | 170

82 ____ Der Titanic-Priester von Scheyern
Pater Joseph Peruschitz schrieb Weltgeschichte | 172

83 ____ Der Klostergarten in Schlehdorf
Meditieren in der Kräuterspirale | 174

84 ____ Die Flugwerft in Schleißheim
Neues Leben auf dem alten Fliegerfeld | 176

85 ____ Die Whiskybrenner vom Schliersee
»Slyrs« schmeckt nach Bergen | 178

86 ____ Der Schlosspark von Schönau
Englischer Stil vom Hofgärtner | 180

87 ____ Der Indianer in Schongau
Ein seltsamer Putto in der Stadtpfarrkirche | 182

88 ____ Das Spargelmuseum in Schrobenhausen
Hier dreht sich alles ums Spitzengemüse | 184

89 ____ Der Malerweg in Sindelsdorf
Eine Gartenlaube und »Der Blaue Reiter« | 186

90 ____ Die Linde in St. Kastl
Ein wundertätiger Baum | 188

91 ____ Der Klosterbahnhof in St. Ottilien
Haltestelle für die Mission | 190

92 ____ Die Steinpyramiden in Steinbach
Klein-Kairo an der Isar | 192

93 ____ Der Kreuzgang in Steingaden
Seltene Romanik inmitten der Rokokopracht | 194

94 ____ Das Papsthaus in Surberg
Benedikt XVI. wohnte in einem Bauernhof | 196

95 ____ Das Gulbransson-Museum in Tegernsee
Simplicissimus im Tal | 198

96 ____ Das Stubenrauchhaus in Tittmoning
Eins Papstdomizil, heute Bankfiliale | 200

97 ____ Der Biergarten in Uffing
Traumblick auf die Berge | 202

98 ____ Die Niedere Blaik bei Unternogg
Eine schöne Unbekannte im Ammergebirge | 204

99 ____ Das Kraftwerk am Walchensee
Ein geniales Stück Industriegeschichte | 206

100 ____ Der Bunker 29 in Waldkraiburg
Aus dem Flüchtlingslager wurde eine Stadt | 208

101 ____ Die Schöne Aussicht in Wasserburg
Blick auf die alte Handelsstadt | 210

102 ____ Die Kirche auf dem Weichberg
Unbekannter Gipfel bei Rettenbach | 212

103 ____ Die Staatsbrauerei Weihenstephan
Bierproduktion seit 1040 | 214

104 ____ Das Weilheimer Rathaus
Motive aus den 1930er Jahren | 216

105 ____ Die Ganghofer-Allee in Welden
Alpen-Autor im Holzwinkel | 218

106 ____ Die Höhle auf dem Wendelstein
Allerlei Rekorde auf 1.838 Meter | 220

107 ____ Das Brunnenhaus in Wessobrunn
Luise Rinser schrieb über eine Legende | 222

108 ____ Der Brettlweg bei der Wies
Hinter der Kirche gibt es keine Touristen mehr | 224

109 ____ Das Wildbad Kreuth
Politische Schlachten in der Idylle | 226

110 ____ Das Hopfenmuseum in Wolnzach
Futuristische Architektur und grünes Gold | 228

111 ____ Die Hopfenstraße bei Zolling
Von der Teststrecke zur Touri-Route | 230

Übersichtsplan | 232

1 Das Feuersteinbergwerk von Abensberg

Riesige Anlage in der Steinzeit

Das beschauliche Abensberg war um 5000 v. Chr. ein richtiger Industriestandort. Zwei Kilometer südwestlich des östlichen Stadtteils Arnhofen fanden Forscher eines der größten Feuersteinbergwerke Mitteleuropas. Schon in der Jungsteinzeit gruben Bergleute nach Hornstein, auch Feuerstein oder Silex genannt. Das Material aus Abensberg war gefragt, weil man damit gut Waffen und Werkzeuge herstellen konnte.

Über den für seine Zeit riesigen Bergbau informiert das Abensberger Stadtmuseum, das im historischen Herzogskasten aus dem 15. Jahrhundert untergebracht ist. In der extra eingerichteten Abteilung erfährt der Besucher, dass die Grube eine Fläche von zehn Hektar hatte und 1.000 Jahre in Betrieb war. Die Archäologen vermuten, dass in insgesamt 20.000 Schächten die Arbeiter den Rohstoff aus bis zu acht Metern Tiefe herausholten. Das Feuersteinbergwerk ist damit eines der größten Bodendenkmäler im Bayern. Einen interessanten Einblick in die bergmännische Technik der Jungsteinzeit vermittelt der Querschnitt eines Abbauschachtes, der im Museum aufbewahrt wird.

Der Abensberger Rohstoff wurde an Ort und Stelle verarbeitet oder bis hoch an den Main gehandelt. Entdeckt worden war das Bergwerk in den 1980er Jahren, 1984 gab es die ersten Grabungen der Denkmalschützer. Allerdings müssen sich die Experten mit der Erforschung beeilen: In der Nähe werden Sand- und Kiesgruben betrieben, und die moderne Technik bedroht die jahrtausendealte Anlage.

Das Museum räumt auch dem bekanntesten Sohn der Stadt einen Platz ein: Johann Georg Turmair, genannt Aventinus (1477–1534), war Humanist und Autor und gilt als Vater der wissenschaftlichen bayerischen Geschichtsschreibung. Die Stadt zwischen Neustadt an der Donau und Kelheim machte noch woanders Geschichte: In der Schlacht von Abensberg kämpften 1809 bayerische Truppen an der Seite Napoleons gegen die Österreicher. Und siegten.

Adresse Dollingerstraße 18, 93326 Abensberg, www.stadtmuseum-abensberg.de | Anreise Autobahn A9, Dreieck Holledau, auf die A93 Richtung Regensburg, Ausfahrt Siegenburg, auf die B301/Münchener Straße zum Zentrum. Am Ende rechts zum Aventinusplatz. Dort gibt es Parkplätze. Das Museum ist wenige Meter entfernt. | Öffnungszeiten Di–So 10–16 Uhr, Mo geschlossen | In der Umgebung Der Vogelpark Abensberg ist ein 28.000 Quadratmeter großes Naturgelände mit Volieren und Freigehegen. Hier leben heimische Arten und Exoten. www.vogelpark-abensberg.de

2 Die Altoquelle in Altomünster

Im Wald leben die Legenden

Nördlich von Altomünster geht es im Hügelland zwischen Amper und Lech mystisch zu: Das Reich der Bäume im Quellgebiet der Ilm steckt voller Geheimnisse. Vom Altowald werden sich allerlei Sagen erzählt. In der Nähe von Pipinsried stand ein Schloss, deren Bewohner es mit Anstand und Moral nicht so sehr hatten. Doch der Herrgott schickte die Strafe: Bei einem Unwetter versank das schändliche Anwesen im Sumpf. Die »Schwarze Lache« wurde von den Menschen gemieden wie vom Teufel das Weihwasser. Düstere Kreaturen trieben sich da herum und jagten arme Seelen. Ob was dran ist?

Eindeutig netter ist die Legende, die sich um die romantische Altoquelle im Wald rankt: Der Platz liegt nördlich von Altomünster – den Erzählungen nach soll an diesem Ort der heilige Alto bei seiner Klostergründung um das Jahr 750 auf der Suche nach Wasser seinen Wanderstab in den Boden gerammt haben. Und siehe da, kühles Nass sprudelte hervor. Über der Quelle wurde eine kleine Kapelle errichtet, in der eine Figur des Heiligen steht.

Der Einsiedler spielt eh eine große Rolle in der Region: Alto war entweder ein Wandermönch von den Britischen Inseln oder gar ein Bajuware aus dem Herrschergeschlecht der Huosi. Wie auch immer, er tat sich bei seiner Klostergründung gleich noch mit zwei Wundern hervor: Alto rodete den Platz fürs Kloster einfach, indem er die Bäume mit seinem Messer kennzeichnete, wodurch diese umfielen. Und ein anderes Mal stieg dem Frommen bei der Feier der heiligen Messe das segnende Jesuskind aus einem Kelch.

Doch wie das so mit Legenden ist: Die Fassung im Wald ist ein Fake, die wahre Altoquelle entspringt unter dem rechten Seitenaltar der wunderschönen Rokokokirche in Altomünster und speist den Marktbrunnen. Aber idyllischer ist die Konkurrenz im Wald allemal.

Adresse 85250 Altomünster, www.altomuenster.de | **Anreise** Autobahn A8, Ausfahrt Sulzemoos oder Odelzhausen. Mit der S-Bahn über Dachau in einer Stunde von München-Hauptbahnhof nach Altomünster. Zur Quelle führt der 4,5 Kilometer lange Altoweg, der am Marktplatz beginnt (Holzschilder mit blauen Pfeilen). Den Flyer gibt es auf der Homepage und im Rathaus. | **In der Umgebung** Nach der Wanderung kehrt man in Altomünster in der Familienbrauerei Kapplerbräu ein. Dort gibt es Selbstgebrautes, bayerische Schmankerl und ein Biermuseum. www.kapplerbraeu.de

3 Die Promis von Ambach

Mit dem Fahrrad auf einer Tour de Neid

Glücklicher Starnberger See. Um das 54,3 Kilometer lange Ufer verteilen sich die meisten bayerischen Millionäre und deutschen Spitzenverdiener. Promis und Reiche lieben den See. Schuld war der Unternehmer Himbsel, der 1854 die Bahnstrecke Pasing–Starnberg baute und damit München in die Fischer- und Bauerndörfer holte. Es fing mit Ludwig II., Kaiserin Sissi und Richard Wagner an und hört mit Michael Ballack, Lothar Matthäus, Heinz Rühmann und Johannes Heesters auf. Wer am Starnberger See ein Häuschen sein Eigen nennt, der hat es geschafft.

Auch Otto Normalverbraucher darf den See genießen. Beliebt sind am Ostufer die Badeplätze in Ambach und Ammerland sowie im Westen Possenhofen. Doch da ist es gern mal überfüllt. Also aufs Rad geschwungen und in Ruhe am Geld vorbeigefahren. Tourstart ist in St. Heinrich. Das Strandbad des Campingplatzes »Beim Fischer« kann man sogar als Geheimtipp bezeichnen, weil er zu klein ist, um von den Massen angefahren zu werden. Dann geht es am Wasser entlang nach Ambach. 37 Hektar groß ist das Erholungsgebiet, der Kiesstrand geht angenehm flach ins Wasser, die Liegewiesen sind fein gemäht. Wer in Ambach wohnt, ist oder hält sich für kreativ. Der Schriftsteller und Filmemacher Herbert Achternbusch hob hier 1976 eine WG aus der Taufe, Heiner Lauterbach wohnt da, Loriot Vicco von Bülow ist Ehrenbürger, und Patrick Süskind kam in Ambach zur Welt.

Sehen und gesehen werden heißt es am Wochenende an der Seeuferstraße im Biergarten vom »Fischmeister«. Verlassen wir den Porsche-Parkplatz und radeln auf der König-Ludwig-Route nach Ammerland. Dort nehmen wir Abschied vom See, denn es geht ins Hinterland nach Münsing. Die Strecke führt durch die hügelige Wald- und Wiesenlandschaft zurück nach St. Heinrich. Nach rund 20 Kilometern wartet die Abkühlung im See. Mit der Erkenntnis, dass es abseits der Promis eine wirklich glückliche Gegend ist.

Adresse 82541 St. Heinrich, www.camping-beim-fischer.de | **Anreise** Autobahn A95, Ausfahrt Seeshaupt, rechts nach St. Heinrich, am Ende der Straße rechts abbiegen, das Strandbad kommt direkt. Parkplätze am Gelände | **In der Umgebung** Das 1923 erbaute Strandbad Lido in Seeshaupt lebt von seiner Lage und dem Biergarten mit Blick auf den Starnberger See. Es gibt einen Bereich, wo man sich seine Brotzeit selbst mitbringen darf. www.seerestaurant-lido.de

4 Der Golfplatz in Aschheim

Schnupperkurs am Stadtrand

Gerade mal 15 Minuten ist der Golfpark in Aschheim von den meisten Münchener Stadtteilen entfernt. Damit ist die Anlage ganz sicher der am nächsten bei der Landeshauptstadt gelegene 18-Loch-Platz. Doch man muss keine guten Geschäftskontakte oder eine Generationen zurückreichende Familienmitgliedschaft haben, um dem elitären Sport an der frischen Luft frönen zu dürfen. Der Golfclub bietet nämlich extra Schnupperkurse für Interessenten an, die sich dabei ganz unverbindlich dem gar nicht mal so geruhsamen Spaß mit Eisen und Bällen, Konzentration und gutem Auge nähern können. Immer am Sonntagvormittag dürfen sich Unbedarfte an das Spiel herantasten. Unter fachkundiger Anleitung gibt es einen Überblick über Technik und Regeln, wird die Anlage vorgestellt und trainiert. Danach darf den ganzen Tag über auf der Driving Range kostenlos der Golfschläger geschwungen werden. Die Bälle gibt es übrigens dazu.

Auf der sanft hügligen Aschheimer Anlage sind drei Dinge charakteristisch: Die vielen Wasserspiele entlang der Bahn machen sie anspruchsvoll, die alten Bäume erschweren die Sicht, und der Bergblick kann einen schon mal beim Abschlag entscheidend ablenken. Außerdem gibt es seit 2007 Münchens einziges Inselgrün. Die kleine Fläche im Wasser zu treffen ist eine echte sportliche Herausforderung für jeden Golfer. Und weil der Club explizit auf den Umweltschutz achtet, wurde das Loch als Biotop angelegt. Par 5, das an einem See entlangführt, wartet mit einem tiefen Blick auf München auf. Aber Vorsicht, rechts lauert das Wasser auf den Golfball. Und auf dem Par 4 steht zwar nur ein einziger Baum im Weg, aber der hat es in sich.

Loch 2 und 3 sind kommunalpolitisch gesehen interessant: Das Gelände in Aschheim liegt zum Teil schon auf Münchener Boden. So nah ist die Landeshauptstadt schon.

Adresse Fasanenallee 10, 85609 Aschheim, www.aschheim.gkmb.net | Anreise Autobahn A99, Ausfahrt Aschheim-Ismaning, B471 in Richtung Aschheim, vor der Ortseinfahrt rechts in die Fasanenallee. Parkplätze am Clubhaus | Öffnungszeiten Mo–So ab 9 Uhr (witterungsabhängig) | In der Umgebung Der Wildpark in Poing ist ideal für einen Familienausflug. Der Park besteht schon seit 1959, in der Anlage sind heimisches Wild, Wölfe, Füchse, Biber und Vögel zu finden. Action bietet die Greifvogelschau. www.gp-ma.de

5 Der Bismarckturm von Assenhausen

Erinnerung an den Eisernen Kanzler

Mächtig steht er da auf der Rottmannshöhe bei Assenhausen. 30 Meter hoch, aus Kalk- und Tuffstein, oben thront ein Adler und blickt über das Ostufer des Starnberger Sees. Der Bismarckturm, der mit seiner schlichten Art so gar nicht zu den edlen Anwesen am Seeufer passt. Denn in dieser Gegend residieren die »Geldigen«, wie man sie im Volk spöttisch nennt; jener begüterte Menschenschlag, der einen unbarmherzigen Kampf zwischen »altem« und »neuem« Reichtum beidseitig von Deutschlands teuerstem Wohnfleck ausficht.

Doch davon zeigt sich der alte Reichskanzler unberührt. Zwischen 1869 und 1934 standen stolze 240 Bismarcktürme auf dem deutschen Hoheitsgebiet, und das oberbayerische Assenhausen bekam einen besonders monumentalen Bau. Treibende Kraft war der 1895 aus der Taufe gehobene Bismarck-Verein in München. In dessen Vorstandschaft saß auch der Malerfürst Franz von Lenbach, der den Kanzler porträtieren durfte. Das 9.100 Quadratmeter große Grundstück am See wurde aus Gründen des Marketings als Turmstandort auserkoren, denn die Rottmannshöhe war ein beliebtes Ausflugsziel. Doch es wurde eine schwere Geburt: Die Entwürfe fanden keine Gnade bei der Jury, die keinen reinen Aussichtsturm, sondern eine würdevolle Gedenkstätte wollte – ein zweiter Wettbewerb musste her. Am Ende durfte ein gewisser Theodor Fischer seinen Bauplan umsetzen. Prinzregent Luitpold höchstpersönlich erteilte am 25. August 1896 die Baugenehmigung. Drei Jahre später waren 190.000 Reichsmark verbaut, und die Menschen strömten auf die Höhe: 2.000 Gäste drängten sich am 1. Juli 1899 bei der feierlichen Einweihung um den neuen Turm.

Nur einem gefiel der Trubel nicht: Kaiser Wilhelm II. Der Kaiser hatte ja den populären Bismarck vor die Tür gesetzt. Wahrscheinlich aber hatte der Monarch nur nicht den Blick von der Turmempore auf die Berge genossen.

Adresse 82335 Berg-Assenhausen, www.gemeinde-berg.de | **Anreise** Autobahn A95, Abfahrt Wolfratshausen, über Münsing nach Assenhausen, Parkplatz am Bismarckweg (kurzer Fußmarsch) | **Öffnungszeiten** Der Turm ist jederzeit zugänglich | **In der Umgebung** Dem Himmel so nah kann man in der Volkssternwarte in Berg sein. Es gibt öffentliche Beobachtungsabende mit Erklärungen. www.volkssternwarte-berg.de

6 Die Ausgrabungen auf dem Auerberg

Römer und Rennfahrer

Der Auerberg hat etwas Geheimnisvolles. Er ist nicht besonders hoch (1055 Meter), aber steht markant allein vor den mächtigen Alpen; er gehört politisch gesehen zu Oberbayern, jedoch gefühlsmäßig zum Ostallgäu. Von solchen Befindlichkeiten wussten die Römer nichts, als sie hier oben 15 bis 45 n. Chr. ihre Häuser bauten. Die zivile Siedlung war autark, man verarbeitete Eisen, es gab eine Töpferei und Webereien. Das alles weiß man von Ausgrabungen. Auf der großen Wiesenfläche unterhalb der Kirche St. Georg und dem Gasthof sieht man noch die 1.500 Meter langen Befestigungswälle. Die Vertreter Roms hatten einen triftigen Grund, sich auf dem Gipfel niederzulassen: Der Auerberg lag strategisch günstig an der Straße zwischen Cambodunum (Kempten) und Augusta Vindelicum (Augsburg).

Die um 1200 errichtete Kirche mit ihrem romanischen Turm ist ein Kleinod mit sehenswerten Votivtafeln im Inneren. Hinter der Holztür hängen links mehrere Holzexemplare an der Wald, kunstvoll bemalt mit Dankesmotiven aus der Landwirtschaft.

Die Römer haben übrigens den Auerberg wiederentdeckt. Denn einmal im Jahr sitzen Legionäre beim Georgiritt am letzen Sonntag im April auf ihren herausgeputzten Rössern und empfangen den kirchlichen Segen für Tier und Mensch. Es ist ein Schauspiel, wenn viele hundert Reiter und Pferdezüchter in Tracht um die Kirche reiten.

Der Auerberg war auch mal Rennstrecke: Bis in die 1980er Jahre jagten tollkühne Piloten ihre Wagen im Bergrennen die Kurvenstrecke hoch. Im Juli 2004 gab es sogar eine Downhill-Weltmeisterschaft auf dem Skateboard, der Sieger raste mit Tempo 95 den Berg runter.

Die beste Art, den Auerberg zu besuchen, ist eine Wanderung von Bernbeuren durch die wildromantische Feuersteinschlucht. Die hat ihren Namen daher, weil dort in grauer Vorzeit Feuerstein gefunden wurde.

Adresse 86975 Bernbeuren. www.bernbeuren.de | **Anreise** Autobahn A96, Ausfahrt Jengen, B12 bis Marktoberdorf, B16 bis Stötten, links ab nach Bernbeuren, links und gleich wieder links zum Auerberg (ausgeschildert). Parkplätze gegenüber der Kirche | **Öffnungszeiten** Auerbergmuseum April-Okt. Sa 15-17 Uhr, So/Feiertage 14-17 Uhr | **In der Umgebung** Im Auerbergmuseum Bernbeuren im historischen Kiebelehaus wird die Besiedlung des Bergs und seiner Umgebung gezeigt. Interessant ist die historische Baderstube. www.auerbergmuseum.de.

7 Die Fußballarena in Augsburg

Der FC gönnt sich was zum Aufstieg

Als die Kicker des FC Augsburg nach 23 Jahren Dümpelns in den unteren Ligen im Jahr 2006 endlich den Aufstieg in die Zweite Bundesliga schafften, war schnell klar: Das altehrwürdige Rosenau-Stadion packt es nicht mehr, eine neue Spielstätte muss her. Im November 2007 wurde auf einem früheren Acker am südlichen Stadtrand direkt an der B17 zwischen Haunstetten und Göggingen der Spatenstich gefeiert. Zwei Jahre später stand der Bau, und am 29. Juli 2009 eröffnete der FC sein neues Prachtdomizil »impuls arena« (wie das so ist mit den Sponsoren, heißt sie heute »SGL arena«).

Der Verein hat sich für rund 45 Millionen Euro einen modernen Zweckbau aus Stahlbeton hingestellt. Die Stadt griff dem FCA kräftig unter die Arme, aber die Bürgschaft war umstritten, weil es für ein privates Vorhaben gegeben wurde. Das reine Fußballstadion fasst 30.660 Besucher – davon 11.034 Stehplätze, 1.700 teure Business-Seats sowie 520 noch teurere Logenplätze. Hungern und dürsten muss dank der diversen Bars und Kioske keiner der Besucher. Die Betreiber haben sich eine Option für einen möglichen Ausbau auf 50.000 Zuschauer offengehalten. Dafür würden noch mal 20 Millionen Euro fällig. Auf eines haben die Bauherren allerdings bei ihrer schönen neuen Arena verzichtet: Eine geplante Glasfassade wäre zu kostspielig gewesen, stattdessen wurde eine günstigere Stahlseilkonstruktion installiert.

Bekannt geworden war der FC durch sein legendäres Rosenau-Stadion. Die 32.000-Zuschauer-Arena hinter der Realschule stammt jedoch aus dem Jahr 1951 und gilt als veraltet für einen modernen Spielbetrieb. Eine Renovierung wäre mit zu hohen Kosten verbunden gewesen. Die Abrissbirne bleibt dem Rosenau vorerst erspart. Pläne liegen aber bereits in der Schublade. Aus dem Sportgelände soll ein Baugelände werden. Augsburgs Fußballlegende Helmut Haller hat übrigens ein Stück altes Stadion mit in die neue Arena gebracht: Der Exnationalspieler pflanzte ein Büschel Rosenau-Rasen ein.

Adresse Bürgermeister-Ulrich-Straße 90, 86199 Augsburg, www.fcaugsburg.de | Anreise Autobahn A8, Ausfahrt Augsburg-West, B17 Richtung Landsberg), Ausfahrt »SGL arena«. Parkplätze am Stadion | Öffnungszeiten Blick hinter die Kulissen: 60 Minuten Führung durch die Arena mit Kabine, Auswechselbank, Business Club und Mixed Zone. Anmeldung unter Tel. 0821/4554770. | In der Umgebung Die älteste Sozialsiedlung der Welt liegt in der westlichen Altstadt von Augsburg. 1521 schuf Jakob Fugger der Reiche Wohnraum für bedürftige katholische Augsburger. www.fugger.de

8 Die Luther-Tür in Augsburg

Durch einen Mauerschlupf flüchtete der Reformator

»Da hinab.« So erklingt es in jener Nacht des 21. Oktober 1518 aufgeregt an der Augsburger Stadtmauer. Schatten huschen in der Nähe des Galluskirchleins nur ein paar Meter vom Kloster St. Stephan entfernt. Eine Gestalt schlüpft durch eine Tür in der Mauer, die neben der Kirche aufragt, und macht sich im Schutz der Nacht davon. Ein streitbarer Mönch entkommt seinen Häschern, und die Kirchengeschichte nimmt ihren Lauf.

Angeblich entzog sich Martin Luther so Verhaftung und Verfahren, die ihm sein Widersacher Kardinal Cajetan angedroht hatte. Showdown in Augsburg: Cajetan hatte den Reformator, der im Karmeliterkloster St. Anna wohnte, anlässlich des Augustinerkonvents zum »väterlichen Verhör« beordert. Luther blieb hart und widerrief nichts von seinen Thesen – er flüchtete lieber.

Augsburg wurde trotzdem Reformationsstadt: 1530 überreichte hier Philipp Melanchthon die 28 Artikel des lutheranischen Bekenntnisses »Confessio Augustana« an Kaiser Karl V., hier wurde 1555 der Religionsfrieden geschlossen.

Fast 500 Jahre später geht es rund um die kleine Galluskirche, die in ihrer heutigen Form von 1589 stammt, wesentlich friedlicher zu. Verantwortlich dafür sind in erster Linie die Benediktiner, die seit 1835 in der Abtei am heutigen Stephansplatz mit ihrer Gastfreundschaft und Hilfsbereitschaft wirken. Am Galluskirchlein jedenfalls müsste sich der Reformator nicht mehr mühsam durch die Stadtmauer zwängen. Stattdessen zieht es ganz in der Nähe vor allem Liebespaare zu einer Nische: Dort steht eine Sandsteinfigur, »Dr Schtoinerne Ma«. Wer die schwarze Nase des Steinernen Mannes berührt, dem bringt es Glück. Die Figur stellt wohl den einarmigen Bäcker Konrad Hacker dar, der bei der Belagerung Augsburgs 1634/35 im Dreißigjährigen Krieg Brot aus Sägemehl gebacken und sich damit auf der Stadtmauer gezeigt haben soll – was die Angreifer so demoralisierte, dass sie abzogen.

Adresse Gallusplatz 7, 86152 Augsburg, www.augsburg.de | **Anreise** Autobahn A8, Ausfahrt Augsburg-West, Richtung Hauptbahnhof, Parkhäuser ausgeschildert | **In der Umgebung** 600 Meter lang, drei bis sechs Meter Durchfluss in der Sekunde, 4,5 Meter Höhenunterschied, fünf Routen: Auf der Augsburger Olympia-Kanustrecke am Eiskanal dürfen sich nicht nur Profis austoben. Tel. 0821/324-9703

9 Der Hörnle-Lift in Bad Kohlgrub

Vorbild für die GSG 9

»Bügel öffnen, nach vorn rutschen und einfach stehen bleiben!« Wie oft haben die Mitarbeiter der Hörnle-Bahn in Bad Kohlgrub diese alte Leier heruntergebetet. Und wie oft wurde ihnen geglaubt? Selten, sehr selten. Die meisten Fahrgäste des betagten Sesselliftes rennen, oben an der Bergstation auf 1.390 Metern angekommen, einfach los, statt wie befohlen stehen zu bleiben. Und machen sich unnötig das Leben schwer. Dabei ist es so einfach: die Füße auf die Markierungen am Boden stellen und stehen bleiben. Zugegeben, dazu gehört schon Vertrauen. Aber wie von Geisterhand klappt der Sessel weg, und der Fahrgast spaziert gemütlich von dannen.

Das Prinzip funktioniert schon seit dem 1. April 1954 tadellos. Das Hörnle, der Kohlgruber Hausberg, hat seine Geschichten zu erzählen: An seinem Hang wurden 1908 die ersten bayerischen Skimeister ermittelt. Und der Lift ist ein Unikat; als man ihn baute, gab es nur drei ähnliche Exemplare in Pfronten, Sarajevo und Squaw Valley. Korrekt bezeichnet handelt es sich um eine Schwebebahn mit Schwenkdoppelsitzen. Die Idee der Ingenieure um Otto Brda war es, für Gehbehinderte und ältere Menschen einen komfortablen Ausstieg zu schaffen.

Acht Monate schufteten die Arbeiter, dann war die 2.000 Meter lange Trasse mit ihren 500 Höhenmetern fertig. Bis heute braucht man Geduld: 20 Minuten dauert die Fahrt auf den Holzsitzen. Die Bahn inspirierte gar die Eliteeinheit GSG 9. Deren General Ulrich Wegener machte mehrfach in Kohlgrub Urlaub und erinnerte sich 1977 bei der Entführung des Lufthansa-Fliegers »Landshut« an den Hörnle-Lift: Für die erfolgreiche Befreiung der Geiseln in Mogadischu benutzte die Elitetruppe nämlich das Prinzip der Kohlgruber Liftseilarretierung – damit konnten die Soldaten sich so vom Hubschrauber abseilen, dass eine Hand für das Gewehr frei blieb.

Adresse Fallerstraße, 82433 Bad Kohlgrub, www.hoernlebahn.de | **Anreise** Autobahn A95, Ausfahrt Murnau/Kochel, rechts Richtung Murnau/Bad Kohlgrub, in Bad Kohlgrub links ins obere Kurgebiet/Badstraße und den Schildern folgen. Parkplatz an der Talstation | **Öffnungszeiten** Fahrten Mo–So 9–16 Uhr | **In der Umgebung** In Unterammergau steht die älteste Kirche im Ammertal. »Die Kappel« ist eine kleine Wallfahrtskirche, die bereits 1450 erwähnt wurde. Am letzten Sonntag im Oktober zieht der Leonhardiritt vorbei.

10 Das Weinhaus in Bad Tölz

In einem Fresko wird Geschichte lebendig

Die Marktstraße in Bad Tölz wird der »schönste Festsaal des Oberlandes« genannt, was bei den Lüftlmalereien an den Fassaden der prächtigen Giebelhäuser gut nachzuvollziehen ist. Dem Münchener Architekten Gabriel von Seidl sei Dank, dass er bei seiner Stadtplanung 1900 bis 1910 den alpenländischen Stil an den Gebäuden propagierte, das sorgte für ein einheitliches Bild. Das historische Ensemble, das Herzstück der Altstadt, ist dem breiten TV-Publikum gut bekannt – schließlich ermittelt hier der gewichtige »Bulle von Tölz« Benno Berghammer alias Ottfried Fischer. Die Filmcrew hat die Polizeiwache kurzerhand in die Marktstraße versetzt. Was sich auch besser im Bild macht als der reale Standort der Inspektion im schmucklosen Gewerbegebiet bei der ehemaligen US-Kaserne am östlichen Stadtrand.

Die Marktstraße ist die touristische Attraktion in der ehemaligen Flößer- und Handelsstadt Tölz (seit 1899 Bad). Doch wer von denjenigen, die ermüdet von der Fassadenpracht achtlos am Anwesen Nr. 41 vorbeigehen, ahnt schon, dass das Weinhaus und Café »Zum Höckh« bayerische Geschichte künstlerisch verarbeitet? Schauen Sie ruhig die Hauswand hinauf: Im Fresko ist in einer Gruppe bewaffneter Männer Johannes Jäger verewigt, der in dem Haus am 25. April 1667 als Sohn eines Wirts geboren wurde. Jäger ging als Kellner nach München und wurde Weinwirt. Beim erfolglosen Aufstand der Bayern gegen die österreichischen Besatzer 1705 führte Jäger die Aufständischen aus dem Oberland mit an. Doch die Bauern mussten bei der »Sendlinger Mordnacht« in München eine blutige Niederlage einstecken. Auch beim »Höckhen« in Tölz saßen Verschwörer zusammen und planten den Aufstand. Jäger wurde 1707 als Rebell auf dem Marienplatz hingerichtet.

Dies ist historisch belegt, während es bei den Dreharbeiten für den »Bullen von Tölz« phantasievoller zugeht: Die Filmer lassen Autos auf der Marktstraße fahren – die ist in der Realität eine beschauliche Fußgängerzone.

Adresse Marktstraße 41, 83646 Bad Tölz, www.zumhoeckh.de | Anreise Autobahn A95, Ausfahrt Sindelsdorf, rechts auf die B472 Richtung Bad Tölz, Ausfahrt Bad Tölz Ost, Richtung Bahnhof/Schulen. Parkplätze sind ausgeschildert | Öffnungszeiten Mo–Sa 9–18 Uhr, So Ruhetag | In der Umgebung Bad Tölz war die Stadt der Bierbrauer und Handwerker. Sie wohnten südlich der Marktstraße nahe der Isar im Viertel Gries. Die schmalen Gassen und schmucken Häuser sorgen für eine besondere Atmosphäre.

11 Die Glashütte in Benediktbeuern

Im Kloster begann eine Optik-Karriere

Wer nach Benediktbeuern kommt, tut dies wegen des Klosters. Mächtig steht es im Moor vor den Bergen, die Pfarrkirche St. Benedikt mit ihren Asam-Fresken, die Rokokokapelle St. Anastasia, Kurfürsten- und Festsaal locken die Besucher. Bei den Salesianern Don Boscos wird mit der Philosophisch-Theologischen Hochschule und einem Umweltzentrum auf die Jugend geachtet. Doch abseits steht neben dem einstigen Waschhaus ein alter Industriebau, der es in sich hat. In der Glashütte nahm die Erforschung des Weltalls ihren Anfang: In der Werkstatt tüftelte Joseph von Fraunhofer an seinen optischen Linsen. Sie gelten als Keimzelle der Spektralanalyse, mit der ferne Galaxien erforscht werden können.

Das wohl 739/740 gegründete Benediktinerkloster hatte nach der Säkularisation 1803 Glück, weil sich ein spendabler Besitzer fand: Josef von Utzschneider, ein Münchener Unternehmer, erwarb für 50.000 Gulden einige Gebäude und gründete 1805 sein optisches Institut. Der Standort bot Quarzsand in der Nähe und viel Brennholz. Sein bekanntester Mitarbeiter war der Glasschleiferlehrling Joseph von Fraunhofer. Er war ein brillanter Kopf und machte sich mit seinen Fernrohren einen Namen. 1818 verkaufte Utzschneider die Anlage an den Staat, betrieb sein Institut als Mieter und siedelte später nach München über. Die Armee nutzte die Gebäude als Depot, Kaserne, Pferdezuchtbetrieb und Lazarett. 1930 zogen die Salesianer ein, Benediktbeuern war wieder Kloster.

In der alten Fraunhofer-Glashütte ist jetzt ein Museum. Seit Kurzem sind dort seltene Schleifmaschinen, Linsen, Prismen und Schmelzöfen zu bewundern. Fraunhofer war aber nicht die einzige Besonderheit in Benediktbeuern. 1273 zog am Kloster die erste Fronleichnamsprozession Bayerns entlang. Und als es 1803 ausgeräumt wurde, fanden sich die Carmina Burana – Vagantenlieder aus dem 13. Jahrhundert. Bekannt wurden diese 1935 durch Carl Orffs Vertonung.

Adresse Don-Bosco-Straße 1, 83671 Benediktbeuern, www.kloster-benediktbeuern.de | **Anreise** Autobahn A95, Ausfahrt Sindelsdorf, B472 Richtung Bad Tölz, vor Bichl rechts nach Benediktbeuern, Parkplatz am Kloster | **Öffnungszeiten** Glashütte und ein Teil des Klosters (Kreuzgang, Museum, Pfarrkirche, Kapelle) Mo–So 9–17.30 Uhr. Festsaal und Kurfürstensaal nur mit Führung. Klosterladen: April–Okt. Mo–So 8.30–18 Uhr (Nov.–März bis 17 Uhr) | **In der Umgebung** Das Umweltzentrum hat im Loisach-Kochelsee-Moor Biotope zum Anfassen und Erleben eingerichtet. Rundwege führen durch Streuwiesen und Auwald. Einen guten Blick übers Moor hat man vom Beobachtungsstand aus. www.zuk-bb.de

12 Der Obersalzberg bei Berchtesgaden

Des Führers Gipfel

So ganz freiwillig wollten die meisten Besitzer ihre Anwesen nicht verkaufen. Aber die Interessenten waren Männer, denen man nicht einfach was abschlug: Adolf Hitler und sein braunes Gefolge. Der NS-Herrscher hatte im ehemaligen Bergdorf Obersalzberg bei Berchtesgaden bereits ab 1923 Urlaub gemacht, und es hatte ihm so gefallen, dass er sich dort später ganz einquartierte. Nach der Machtergreifung 1933 wurde das Gebiet zum »Führersperrgebiet«, weil Hitler das seit 1928 von ihm gemietete Haus Wachenfeld kaufte und zu einem Nobeldomizil umbauen ließ. Der berühmt-berüchtigte Berghof entstand. Um ihrem Führer nah zu sein, kaufte sich die zweite Reihe der Nazis wie Göring, Speer und Bormann in der Nachbarschaft Häuser.

Der Obersalzberg wurde zu einem zweiten Machtzentrum der Naziherrschaft nach Berlin. SS-Truppen bekamen dort Kasernen. Bunker wurden in den Fels getrieben, Telefonanlagen installiert. Hitler empfing auf dem Berghof vor dem monströsen Panoramafenster seine Staatsgäste. Doch am 25. April 1945 war Schluss mit dem Alpenidyll: Britische Bomber legten das Gelände in Schutt und Asche, die Ruinen des Berghofs und anderer Häuser wurden gesprengt. Nur wenige Bauten wie das Kehlsteinhaus und die Bunker blieben erhalten.

Der Obersalzberg wurde zu einem Erholungsgebiet für die GIs. Deutschland durfte nur einen kleinen Teil für den Tourismus nutzen, erst 1996 erhielt der Freistaat Bayern die volle Kontrolle über das Areal. 1999 wurde die Dauerausstellung und umfangreiche Dokumentation über die NS-Zeit auf dem Obersalzberg eröffnet. Im Jahr kommen bis zu 160.000 Besucher, viele davon Schulklassen und Angehörige von Bundeswehr und Polizei.

Jahrelang war der braune Spuk auf dem Berg ein Tabuthema in Berchtesgaden. Mittlerweile bekennt man sich dazu. Im Neuhaustorbogen in der Nähe des Marktplatzes erinnert eine Bronzetafel an die Bombardierung des Obersalzbergs 1945.

Adresse Salzbergstraße 41, 83471 Berchtesgaden, www.obersalzberg.de | Anreise Autobahn A8, Ausfahrt Bad Reichenhall, B20 Bischofswiesen/Berchtesgaden, in Berchtesgaden auf die B305 Richtung Salzburg, rechts ab auf die B319 zum Obersalzberg. Parkplätze vorm Zentrum | Öffnungszeiten April–Okt. Mo–So 9–17 Uhr, Nov.–März Di–So 10–15 Uhr | In der Umgebung Drehen Sie vom Obersalzberg aus eine Runde auf der Rossfeldhöhenringstraße. Deutschlands höchste durchgängige Straße (1.560 Meter) mit Blick auf den Dachstein wurde ab 1938 gebaut. Die 16 Kilometer lange Straße ist aber mautpflichtig.

13 Der Busch-Woods-Park in Bernried

Grüne Oase mit Fenstern

Bernried ist ein echtes Gold-Dorf. Der 2.100 Einwohner zählende Ort am südlichen Westufer des Starnberger Sees hat es schwarz auf weiß: Bernried holte sich 2007 die Goldmedaille im bundesweiten Dorfwettbewerb. Mit ein Grund für die Auszeichnung war die grüne Lunge Bernrieds. Denn welches kleine Dorf hat schon eine derartige Parkanlage mit Wasseranschluss? 80 Hektar umfasst der Wilhelmina-Busch-Woods-Stiftungspark, das Areal am See steht unter Landschafts- und Denkmalschutz und ist von Wanderwegen durchzogen. Das Gelände gehörte bis 1803 zum ortsansässigen Kloster, Mitte des 19. Jahrhunderts wurde der nördliche Teil vom königlichen Oberhofgärtner Carl Joseph von Effner als englischer Park angelegt. Der Gartenexperte arbeitete mit einem Trick: Die Gehölze waren so angelegt, dass sie eine Art Fensteröffnung hatten. Durch diese wurde der Blick auf See und Berge frei. Im Jahr 1914 erwarb Wilhelmina Busch, die jüngste Tochter des Mitbegründers der amerikanischen Brauerei Anheuser-Busch, den Park, das benachbarte Hofgut und Ländereien in Bernried. Später heiratete sie den US-Generalkonsul in München, Sam Woods, und brachte den Park kurz vor ihrem Tod 1952 in eine Stiftung ein. Doch der Park ist nicht nur künstliche Natur, er wird auch landwirtschaftlich genutzt.

Wer durch das gemütliche Ortszentrum spazieren geht, wird mit vielen alten Bauernhäusern und Villen belohnt. In Bernried wurde die Kultur immer großgeschrieben. Als 1865 die Bahnstrecke Tutzing–Penzberg eröffnet wurde, entdeckte das betuchte Münchener Bürgertum die Seegemeinde als Ausflugsziel. Auch Künstler ließen sich von der Lage am Wasser inspirieren: 1899 mietete sich eine Künstlerkolonie um Lovis Corinth und Max Halbe ein, 1923 feierte der norwegische Karikaturist Olaf Gulbransson im Gasthof »Drei Rosen« Polterabend. Heute gibt es Ausstellungen und Konzerte im Kloster der Missionsbenediktinerinnen.

Adresse 82347 Bernried, www.bernried.de | **Anreise** Autobahn A95, Ausfahrt Seeshaupt, rechts nach St. Heinrich/Seeshaupt und weiter nach Bernried, rechts ab in den Reitweg. Dort parken, rechter Hand beginnt der Park | **Öffnungszeiten** Der Park ist jederzeit frei zugänglich | **In der Umgebung** Das Seeshaupter KZ-Mahnmal an der Bahnhofstraße erinnert an den 30. April 1945, als US-Soldaten 2.000 KZ-Häftlinge aus einem Güterzug befreiten. Die Toten wurden in einem Massengrab auf dem Friedhof bestattet.

14_Das Generationenprojekt in Blumenthal

Eine moderne Kommune braut Biobier

Das Schloss Blumenthal, rund 30 Kilometer entfernt von Augsburg, in der Nähe von Aichach und dem wohlklingenden Wallfahrtsort Maria Birnbaum, hat rund 1.000 Jahre Geschichte auf dem Buckel. Im 13. Jahrhundert errichtet der Deutschherrenorden hier eine Niederlassung, 1806 kaufen es die reichen Fugger, zwei Jahrhunderte später erwirbt eine Gruppe wohlhabender Münchener das Objekt mit 22.000 Quadratmetern Fläche für kolportierte 1,6 Millionen Euro – und damit beginnt eine Kulturrevolution im Wittelsbacher Hinterland.

Denn die neuen Besitzer planen eine Art Kommune: Drei Generationen sollen auf Blumenthal wohnen, Arbeit und Gewinn geteilt sowie über einen Kulturverein die schönen Künste gepflegt werden.

Zu dem Lebensprojekt gehört die Gastronomie. Blumenthal war schon immer bekannt für seinen traumhaft gelegenen Biergarten. Viele Ausflügler kamen auf ihren Radtouren durch den schattigen Wald hier an und ließen es sich bei einer Halben und einer deftigen Brotzeit gut gehen. Dass dann noch ein paar Pferde friedlich am Biertisch grasten, passte so herrlich ins natürliche Bild. Die neuen Besitzer änderten daran nichts und ließen sogar die Tradition der Blumenthaler Bierbrauer aufleben: Sie nahmen die 1996 geschlossene Schlossbrauerei wieder in Betrieb. Und weil es sich ja um ein besonderes Lebens- und Arbeitskonzept handelt, wird auch ein besonderes Biobier gebraut. Das Ziel ist ehrgeizig: Keine Massenware, sondern ein süffiges Genussmittel für die Region soll es sein. Deshalb werden auch nur wenige Flaschen in der Woche produziert. Aber vor einem Engpass beim sommerlichen Biergartenbesuch muss man keine Angst haben.

Doch nicht nur der Biergarten ist ein gefragter Ort. Die kleine Kirche aus dem Jahr 1498, das älteste Gebäude in Blumenthal, ist der Renner bei Hochzeitspaaren.

Adresse Blumenthal 1, 86551 Aichach-Klingen, www.schloss-blumenthal.de | **Anreise** Autobahn A8, Ausfahrt Adelzhausen, Richtung Sielenbach, nach zwei Kilometern kommt Blumenthal auf der linken Seite. Parklätze vor der Anlage | **Öffnungszeiten** April–Sept. Mo–Do 15–23 Uhr, Fr–So, Feiertage 12–23 Uhr. Okt.–März Do–Sa 17–23 Uhr, So, Feiertage 11–23 Uhr | **In der Umgebung** Bei Sielenbach liegt die Wallfahrtsstätte Maria Birnbaum. Hier ließ der Deutsche Orden 1661–1688 eine Kirche um einen Birnbaum errichten, an dem Wunderheilungen passiert sein sollen.

15 Der Brünnstein

Aussichtskanzel im Mangfall

Der 1.634 Meter hohe Brünnstein ist als felsige Bastion schon von Weitem sichtbar. Schuld daran ist die Form: Wie ein Schiffsbug ragt das Felsriff über dem breiten Talboden des Inntals auf, umgeben von einem felsigen Kragen und einem dichten Mantel aus Fichten. Und das alles in einer sanften Alpenlandschaft. Der Berg bei Oberaudorf ist wegen seines einmaligen Blicks auf den Wilden Kaiser und die fernen Gletscherberge des Alpenhauptkammes beliebt. Kitzbüheler Alpen, Hohe Tauern und Zillertaler – alles ist drin im Paket. Der Brünnstein bietet überhaupt eine ganze Menge Action: Man kann sich rund um den Berg als MTB-Fahrer, Wanderer, Kletterer oder Schneeschuh- und Skitourengeher richtig austoben.

Ausgangspunkt für die Touren ist das Brünnsteinhaus. Die Hütte des Alpenvereins duckt sich dicht unter die felsige Südwand, eine Sonnenterrasse lädt zum Ins-Land-Schauen ein. Die Unterkunft bietet den Bergwanderern 14 Betten in Mehrbettzimmern und 40 Plätze im Matratzenlager zum Übernachten.

Für den eigentlichen Gipfelsturm kann man zwischen zwei Möglichkeiten wählen: entspannt oder heftig. Das ist das Schöne am Brünnstein, dass er einem immer die Wahl lässt. Wer trittsicher und schwindelfrei ist, geht den Dr.-Julius-Mayr-Weg, der auf einem Mini-Klettersteig durch das steile Felsgelände zur kleinen Kapelle auf dem felsigen Gipfelrücken führt. Belohnung für die Kletterei ist der Traumplatz beim Gipfelkreuz auf 1.634 Metern Höhe. Eher was für den gemütlichen Bergfreund ist der Anstieg durch die sanfte Südwestflanke. Oben auf dem 1.619 Meter hohen Gratkamm öffnet sich dann das großartige Panorama über das Inntal.

Es lohnt sich nicht nur, am Brünnstein wegen der Aussicht die Augen offen zu halten: Die heimischen Steinböcke sind eine besondere Attraktion.

Adresse Brünnsteinhaus, 83080 Oberaudorf, www.bruennsteinhaus.de | Anreise Autobahn A93, Ausfahrt Oberaudorf, nach Oberaudorf und nach der Bahnunterführung links ab, rechts Richtung Mühlbach, hoch nach Mühlau und zum ausgeschilderten Wanderparkplatz. Aufstieg zum Brünnsteinhaus rund zwei Stunden. Der Gipfelsturm dauert sechs bis sieben Stunden | Öffnungszeiten Das Haus ist fast ganzjährig bewirtschaftet | In der Umgebung Oberaudorf hat mit der neuen Rodelbahn am Hocheck eine weitere Sommerattraktion für Familien bekommen. Rasant geht es von der Mittel- zur Talstation der Hocheckbahn. www.oberaudorf.de

16 Die Ruine Werdenfels in Burgrain

Unheimliche Hexenprozesse

Oberhalb von Burgrain liegen auf einer Felsanhöhe die Reste der Burg, die der Region um Garmisch-Partenkirchen, dem Werdenfelser Land, den Namen gab: die Ruine Werdenfels. Viel ist nicht übrig geblieben vom »Wehr den Fels« an der mittelalterlichen Handelsroute zwischen Augsburg und Venedig. Erbaut wurde sie um 1220 von Otto VII. Graf von Andechs. Doch schon bald verramschte ein Eschenloher Adliger die Burg und einen Teil seines Gebiets an das Hochstift Freising, die Bischöfe machten daraus die Grafschaft Werdenfels.

Doch das Gemäuer mit seinen Schießscharten, Mauern und Gräben machte nicht militärisch, sondern bürokratisch Karriere. Auf Werdenfels residierte die Verwaltung der Grafschaft, hier war Gerichtsort samt Verlies. Doch die Richter und Pfleger kümmerten sich nur notdürftig um den Erhalt ihres Domizils und ließen ihre Burg verrotten.

Einen traurigen Höhepunkt erlebte Werdenfels im 16. Jahrhundert: Auf der Burg fanden viele Hexenprozesse statt. 51 Opfer sollen dort verbrannt worden sein. Als die Burgherren 1632 ihre marode Heimat verließen und runter ins Tal zogen, verlor die Anlage ihre Bedeutung. Die Gebäude verfielen, die Mauern dienten als billiger Steinbruch. Im Jahr 1730 wurden Steine für den Bau der neuen Garmischer Kirche verwendet. Im 19. Jahrhundert schließlich wurde die Ruine Privateigentum.

Rund um Werdenfels führt heute ein Burglehrpfad: Auf der vier Kilometer langen Strecke stehen 15 Infotafeln über die Historie der Burg und deren Bewohner. Wer weiß, vielleicht findet man beim Marsch durch den Wald gar den verschwundenen Burgschatz. Und wer Glück hat, sieht die Weiße Frau zwischen den Bäumen: Von der unheimlichen Gestalt berichten immer wieder Hirten und Wanderer.

Burgrain machte noch einmal Geschichte: Am 24. April 1919 schossen an der Brücke über den Lahnewiesgraben die Garmischer Volkswehr und Truppen der Münchener Räterepublik aufeinander.

Adresse 82467 Garmisch-Partenkirchen/Ortsteil Burgrain, www.gapa.de | **Anreise** Autobahn A95, Ausfahrt Eschenlohe, B2 Richtung Garmisch-Partenkirchen, durch Farchanter Tunnel und auf die B23 Richtung Grainau/Fernpass, kurz vor Garmisch rechts ab nach Burgrain. Auf der Hauptstraße bleiben, am Ortsende links in die Feldernkopfstraße (Jugendherberge), hinterm Hundeplatz ist der Wanderparkplatz | **Öffnungszeiten** Ganztägig geöffnet. Es gibt Führungen | **In der Umgebung** Der Pflegersee liegt malerisch zwei Kilometer oberhalb von Garmisch-Partenkirchen am Fuße des Königsstand-Massivs. Es gibt einen Gasthof, ein Strandbad und einen Ruderbootverleih.

17 Die Neue Galerie in Dachau

Mit Kunst aus dem KZ-Schatten

Die ehemalige Fabrikhalle am Amperkanal unterhalb des Schlosses ist das große Ziel so manch jungen Künstlers. Wer es mit seinen Werken in Dachaus Neue Galerie geschafft hat, dem kann eine Karriere winken. Seit 1992 ist der Ausstellungsort Sprungbrett für kreatives Schaffen aus den Bereichen Skulptur, Installation, Malerei, Fotografie, Video und experimentelle Kunst.

Im Gegensatz zu den anderen Galerien der 41.000-Einwohner-Stadt ist die Fabrik ausschließlich für zeitgenössische Kunst reserviert. Jährlich werden dort mindestens fünf Ausstellungen gezeigt. Vor allem unbekannte Künstler dürfen sich hier einem breiten Publikum zeigen.

Dachau ist mehr als nur das unbeschreibliche Grauen des ersten KZ der Nazis. Die Kleinstadt im Moos nordwestlich von München ist eigentlich Kulturstadt. Dies wird gern angesichts der Monstrosität der KZ-Gedenkstätte übersehen. Doch Dachau war eine Künstlerkolonie: Im 19. Jahrhundert zogen hier die Landschaftsmaler hin. Wenn man sich ihre Villen anschaut, mussten sie von ihren Bildern gut leben können. Dass die Kreativen München verließen und ins Moos zogen, hatte pragmatische Gründe. Dachau lag günstig, und die Mieten waren billiger als in der Residenzstadt. Dachau wurde zum Worpswede des Südens. Berühmte Zeitgenossen wie Carl Spitzweg, Max Liebermann und Lovis Corinth wohnten im Moos. Um 1900 waren es so viele Künstler, dass der Volksmund spottete, dass jeder zehnte Passant auf der Straße ein Maler sei. Mit dem Ersten Weltkrieg war Schluss mit dem feinsinnigen Leben, die Stadt verarmte und litt unter der Massenarbeitslosigkeit. 1933 begann das dunkelste Kapitel: Das KZ wurde zum Sinnbild des NS-Terrors. Davon hat sich Dachau bis heute nicht erholt. Trotz der Kultur, die reichhaltig vertreten ist: mit Gemäldegalerie, Bezirksmuseum, Künstlervereinigung, kleiner Altstadt-Galerie, Wasserturm, Schlosskonzerten, Musiksommer, Kulturkirche und sogar einem Wasserskulpturenweg.

Adresse Brunngartenstraße 5, 85221 Dachau, www.dachauer-galerien-museen.de und www.dachau.de | Anreise Autobahn A8, Ausfahrt Dachau/Fürstenfeldbruck oder Ludwigsfeld, Richtung Altstadt/Schloss. Parkplätze an Ludwig-Thoma-Straße, Kirchberg- und Schlossstraße | Öffnungszeiten Mi–So 13–17 Uhr (während der Ausstellungen) | In der Umgebung An der KZ-Gedenkstätte kommt der Dachau-Besucher nicht vorbei. 1965 wurde die Stätte eröffnet, jährlich wandeln 800.000 Besucher durch das Grauen. wwww.kz-gedenkstaette-dachau.de

18 Die Uferpromenade in Dießen

Rekorde am Ammersee

Dießen ist die verträumte größte Gemeinde am Westufer des Ammersees. Doch was heißt verträumt? Der Ort mit seinen knapp über 10.000 Einwohnern wartet mit Rekorden auf. Hier zieht Pfingsten der größte Töpfermarkt Deutschlands die Massen an, hier gibt es seit 1928 die älteste Binnen-Segelschule des Landes, hier findet das einzigartige Fischerstechen statt, hier begann die touristische Schifffahrt auf dem Ammersee, hier legt mit der 1908 gebauten »RMS Dießen« der einzige Raddampfer in der weißen Flotte der bayerischen Seenschifffahrt ab. Und dann hat Dießen gleich hinter dem Bahnhof seine Seepromenade mit dem Dampfersteg. Hier lässt sich ohne großen Aufwand der Seetag beginnen. Am besten eine der Sitzbänke ergattern und dann ganz entspannt über Bayerns drittgrößten See blicken.

Der Ammersee lädt zum Schauen, Segeln, Rudern und Schwimmen ein. Vor allem Letzteres: In Dießen gibt es gleich drei Strandbäder, eines in der Nähe der Promenade, eines in Riederau und das in St. Alban. Dieses hat dank der vielen Schatten spendenden Bäume mit die schönste Liegewiese am See. In der Nachbarschaft ragt das Kloster der Benediktinerinnen auf.

Überragt wird Dießen vom Marienmünster. Die 1739 geweihte Kirche war bis zur Säkularisation 1803 das Herzstück des Augustiner-Chorherrenstifts. Die barocke Pracht erschlägt einen; Deckengemälde, Stuck und Altargemälde gibt es im Überfluss. Überhaupt spielte die Kultur in dem einstigen Fischerdorf eine große Rolle. Ende des 19. Jahrhunderts entdeckten die Künstler diesen stillen Flecken des Ammersees. Maler, Schriftsteller, Musiker, Töpfer und Zinngießer ließen sich nieder. Auch Carl Orff mochte Dießen. Der Komponist hatte als Kind seine Ferien in Unteralting verbracht, in St. Georgen bezog er Mitte der 1950er Jahre ein Haus. Seit 1991 gibt es das Orff-Museum an der Hofmark. Man sieht, so verträumt ist Dießen gar nicht.

Adresse 86911 Dießen, www.tourist-info-diessen.de | **Anreise** Autobahn A96, Ausfahrt Greifenberg, Westuferstraße bis Dießen, links in die Bahnhofstraße. Parken am Festplatz. Wenige Meter zur Uferpromenade | **Öffnungszeiten** Die Strandbäder sind je nach Witterung in der Saison täglich 9–20 Uhr geöffnet | **In der Umgebung** Am Ammersee fährt man Schiff (www.seenschifffahrt.de). Am besten von Dießen rüber nach Herrsching mit Deutschlands längster Seepromenade (acht Kilometer). Hinter der Anlegestelle beginnt der Fußweg durchs Kiental hoch zum Kloster Andechs (www.andechs.de). Aber Vorsicht, der Weg ist steil.

19_Der Ebersberger Forst

Ein kritisches Umweltmuseum im Wald

Östlich von München liegt ein riesiges Waldgebiet, das man gar nicht so wahrnimmt. Der Ebersberger Forst dehnt sich auf 90 Quadratkilometer aus – und ist damit das größte zusammenhängende Waldgebiet in Deutschland, das von keiner Siedlung unterbrochen ist. Zweimal sorgten Nutzungspläne für große Aufregung: In den 1960er Jahren sollte ein Protonenbeschleuniger im Wald gebaut werden, was aber wegen der Proteste fallen gelassen wurde. Außerdem war der Forst für den neuen Münchener Flughafen im Gespräch, der wurde zum Glück 1992 im Erdinger Moos in Betrieb genommen.

Die Bewirtschaftung des Forsts hat eine lange Tradition. Bereits im 13. Jahrhundert erließ der Abt des örtlichen Benediktinerklosters Richtlinien fürs Holzschlagen im östlichen Klosterwald – die älteste deutsche Forstordnung! Charakteristisch für den Forst sind die rasterförmig angelegten schnurgeraden Wirtschaftswege, sie wurden bereits Mitte des 18. Jahrhunderts angelegt und extra im Winter geräumt. Zu Beginn des 19. Jahrhunderts wurden Fichten-Monokulturen gepflanzt, sie prägen heute das Bild. Leider sind die Bäume wenig robust, und deshalb richteten Nonnenraupen 1892 fatale Schäden an. Die Falter flogen bis in die Münchener Biergärten! Nach diversen Stürmen lag der Wald buchstäblich am Boden, und es dauerte 40 Jahre, bis er wieder halbwegs aufgeforstet war.

Am Aussichtsturm Ludwigshöhe hat die Stadt das Museum »Wald und Umwelt« eingerichtet. Museen zum Thema »Wald« gibt es viele, aber das ist anders: Hier wird nicht nur die Natur erklärt und tief in die Historie ihrer Nutzung geblickt, sondern es werden auch schonungslos die Auswirkungen des Menschen auf das sensible Ökosystem gezeigt. Ziel: Der Blick auf die Natur soll geschärft werden.

Auf dem Freigelände wartet in der Umweltstation ein Erlebnispfad. Auf dem 1,5 Kilometer langen Weg mit zwölf Stationen erlebt man den Wald hautnah.

Adresse Heldenallee, 85560 Ebersberg, www.museumwaldundumwelt.de | **Anreise** Autobahn A99, Ausfahrt Haar, B304 nach Ebersberg, Richtung Stadtmitte und am Marienplatz Richtung Hohenlinden, an der Kapelle links abbiegen zum Aussichtsturm Ludwigshöhe. Parkplätze am Museum. Mit der S-Bahn S4 von München bis Ebersberg, 25 Minuten Fußweg zum Museum | **Öffnungszeiten** 15. März–15. Nov. Sa, So, feiertags 11–18 Uhr. 16. Nov.–14. März So 12–17 Uhr. Das Freigelände ist jederzeit zugänglich | **In der Umgebung** Im Stadtpark in Grafing, vier Kilometer südlich von Ebersberg, kann man Freiluftschach, Boule und Tischtennis spielen. Es gibt einen Apothekergarten. www.grafing.de

20 Die Betonbrücke in Echelsbach

Ein Wunder der Ingenieurskunst

Wer drüberfährt, bemerkt sie kaum, dabei ist sie ein technisches Meisterwerk: die Echelsbacher Brücke. Das Bauwerk führt die B23, die wichtigste Nord-Süd-Verbindung zwischen Augsburg und Garmisch, bei Bad Bayersoien über die wilde Schlucht der Ammer.

Die Brücke ist 80 Jahre nach der Eröffnung noch immer eine technische Sensation: 130 Meter Spannweite, 186 Meter Länge, 76 Meter über dem Talgrund, 32 Meter Bogenhöhe, 3.300 Kubikmeter verbauter Beton, 3.000 Kubikmeter ausgehauener Fels, 850 Kilo Sprengstoff und 440 Tonnen Stahl – dies alles macht den Flussübergang zur am weitesten gespannten Melan-Bogenbrücke der Welt.

Das Ammertal war immer mit Durchgangsverkehr gesegnet gewesen. Das Gelände war weitläufig, aber es gab ein gewaltiges Problem: Man musste durch die bis zu 70 Meter tiefe Ammerschlucht. Bei Echelsbach führte ein Weg hinunter zum Fluss und über eine Holzbrücke, deren Fundamente noch stehen, und auf der anderen Seite hinauf. Ochsen und Kaltblüter zogen die Wagen die 20-prozentige Steigung hoch. In den 1920er Jahren wurden die Viecher vor die ersten Autos gespannt. Ein gefährliches, aber einträgliches Geschäft für die Fuhrleute.

Kurz vor den Oberammergauer Passionsspielen 1930 stand angesichts der zu erwartenden Besucherströme fest: Eine Brücke muss her! 1928 begannen die Arbeiten, in nur zehn Monaten zog die Firma »Hochtief« den Bau hoch. Täglich bis zu 100 Arbeiter trieben die Bogenhälften aufeinander zu. Es klappte auf den Zentimeter genau. Am 1. Januar 1930 wurde die Brücke für den Verkehr freigegeben, zu ihrer Einweihung reiste eigens Kardinal Michael von Faulhaber aus München an. Eine Säule am westlichen Brückenkopf informiert über die Baugeschichte. Der Kiosk ist ein beliebter Treffpunkt, von dort geht eine Treppe zur Aussichtsplattform hinunter.

Adresse Echelsbach, 82435 Bad Bayersoien, www.ammergauer-alpen.de und www.pfaffen-winkel.de | **Anreise** Autobahn A95, Ausfahrt Murnau, in Murnau nach Bad Kohlgrub, B23 Richtung Schongau. Autobahn A96, Ausfahrt Landsberg-West, B17 Richtung Peiting, B23 Richtung Garmisch-Partenkirchen. Parkplatz an der Brücke | **In der Umgebung** Das Kraftwerk Kammerl an der Ammer in Saulgrub wurde 1898 für die Bahnstrecke Murnau–Oberammergau gebaut. Es ist das älteste Bahnkraftwerk der Welt für Einphasenwechselstrom. www.saulgrub.de

21 Der Urzeitsteinbruch von Eichstätt

Spannende Fossiliensuche für jedermann

Das Altmühltal ist bekannt für seinen Kalk und seine Fossilien. Vor 150 Millionen Jahren war die Gegend eine tropische Lagune, in der sich Tiere und Pflanzen wohlfühlten. Im Steinbruch Blumenberg bei Eichstätt wird die Suche nach den urzeitlichen Spuren zu einem Familienereignis. Hier darf man selbstständig in die Grube absteigen und Steine klopfen. Praktischerweise wird dafür die ganze Infrastruktur gleich mit angeboten: Hammer und Meißel können gegen eine Gebühr am Kiosk ausgeliehen werden, es gibt einen Extrawaschplatz für die Funde, außerdem einen Spielplatz für den Nachwuchs, wenn das Hämmern zu langweilig wird. Der einzige Nachteil ist, dass im Steinbruch im Sommer gnadenlos die Sonne vom Himmel brennt. Die Hobbypaläontologen dürfen ihre Exponate als Souvenir mitnehmen, man sollte allerdings nicht mutwillig Kalkplatten zerschlagen – im Altmühltal kann in jeder ein kleiner Schatz verborgen sein. Tipp: Das abgehobene Gesteinsschichtpaket vorsichtig mit dem flachen Meißel öffnen, die Fossilien liegen fast immer auf der Plattenoberfläche unter einem dünnen Kalkhäutchen. Wer Glück hat, findet Dendriten, Haarsterne, Ammoniten und vielleicht sogar ganze Fische. Die Chancen stehen gut, denn die Solnhofener Plattenkalke gelten als besonders fossilienreich. Kleinere Funde können als urzeitliches Souvenir mit nach Hause genommen werden.

Wer von der Arbeit im Steinbruch nicht genug hat, macht sich zu Fuß auf und geht über den Geologischen Lehrpfad zum privaten Fossilienmuseum Bergér im nahen Gut Harthof. Die Mehrwasseraquarien und die Filmvorführungen sind vor allem für Kinder interessant. Faszinierend ist der Abdruck des Urvogels Archaeopteryx, der vor 150 Millionen Jahren lebte: Im Jahr 1877 wurde auf dem Blumenberg das einzige vollkommen erhaltene Exemplar gefunden.

Adresse Kinderdorfstraße, 85072 Eichstätt-Blumenberg, www.naturpark-altmuehltal und www.museum-berger.de | Anreise Autobahn A9, Ausfahrt Ingolstadt-Nord, rechts Richtung Zentrum, auf die B13 nach Eichstätt, Richtung Kinderdorf Marienstein. Parkplätze am Steinbruch | Öffnungszeiten Steinbruch Ostersonntag bis 1. Nov. täglich 10–17 Uhr und nach Vereinbarung. Museum Juni–Sept. Mo–So, Feiertage 10–17 Uhr. Okt.–Mai Mo–Fr 13.30–17 Uhr, So, Feiertage 10–17 Uhr | In der Umgebung Überlebensgroße Mahnmale gegen den Wahnsinn des Krieges hat der Bildhauer und Maler Alois Wünsche-Mitterecker in Hessental auf eine Wiese gestellt. 78 Figuren zeigen Freund und Feind.

22 Das Römerkastell in Eining

Die größte erforschte Anlage in Bayern

Der römische Limes lief einst mitten durch die Region zwischen Donau und Altmühl; bei Altmannstein begann die gewaltige Wehranlage, die sich gen Norden quer durch Germanien bis zum Westerwald an den Rhein zog. Die Römer siedelten sich an strategisch günstigen Orten an – so bei Eining nordöstlich von Neustadt an der Donau. Am Zusammenfluss von Abens und Donau wurde das Kastell Abusina ausgegraben. Die Anlage, die vom 1. bis 5. Jahrhundert n. Chr. von den Invasoren aus dem Mittelmeerraum besetzt war, gehört zu den am besten erhaltenen und erkundeten Römersiedlungen in Bayern. Das Gelände kann besichtigt werden. Bei einem Spaziergang durch die Steinfundamente bekommt man eine Ahnung von der Größe Abusinas.

Das Kastell wurde im Jahr 80 unter Kaiser Titus als einfaches Holz-Erde-Kastell errichtet. Es diente der Sicherung wichtiger Straßenkreuzungen und der Schifffahrt auf der Donau, außerdem mussten die Truppen den östlichen Teil des Limes sichern. Um 120 wurde das Fort dann mit Stein ausgebaut. Man weiß durch Fundstücke sogar, welche Einheiten in Abusina lagen: Erst die IV. Gallische Kohorte und später die II. Britannische Kohorte waren an der Donau einquartiert. Aus dem 1,8 Hektar großen befestigten Lager wurde zum Ende der römischen Besatzung hin immer mehr eine zivile Siedlung. Bei den Grabungen fanden die Forscher unter anderem 5.000 Eisenstücke und 1.500 Bronzegegenstände, dazu noch Kultfiguren aus Terrakotta. Viel ausgegraben wurde allerdings nicht, lediglich einige Mauerreste wurden konserviert. Beim Streifzug durch die Anlage erkennt man das Kastellbad, die Kommandantur, das Eingangstor und ein besonderes Gebäude, das als Rasthaus für Durchreisende gedacht war. Aller Wahrscheinlichkeit nach waren es sogar Urlauber, die Römer nutzten nämlich bereits die heißen Schwefelquellen von Bad Gögging.

Adresse Abusinastraße 1, 93333 Eining | **Anreise** Autobahn A9, Ausfahrt Manching, B16 Richtung Abensberg, links ab nach Neustadt an der Donau, im Ort rechts nach Bad Gögging/Eining. Kurz vor Eining ist die Ausgrabung auf der linken Seite. Parkplätze vorm Eingang | **Öffnungszeiten** April–Okt. Mo–So 9–18 Uhr | **In der Umgebung** Das Kloster Weltenburg ist einen Besuch wert. Etwas Ruhe vom Trubel bekommt man bei einer Wanderung zu Fuß am Flussufer entlang. Die Weltenburger Bierhistorie wird im Museum erzählt, die Kirche haben die Asam-Brüder gestaltet. www.kloster-weltenburg.de

23 Das Römermuseum in Epfach

Offenes Museum im Feuerwehrhaus

Das kleine Dorf Epfach am Lech war zu Römerzeiten ein wichtiger Handelsort. In der Flussschleife konnte man leicht über das Wasser gelangen, noch heute steht dort eine der wenigen Brücken zwischen Landsberg und Schongau. Abodiacum hieß Epfach damals, hier kreuzten sich zwei wichtige Handelsstraße (die Via Claudia von Italien nach Augsburg und die Route Kempten–Salzburg). Zum Schutz der Straßen bauten die Römer einen Militärstützpunkt.

Abodiacum wird wieder lebendig: Im alten Feuerwehrhaus wurde ein kleines, aber feines Römermuseum eingerichtet. Es ist keine große Ausstellung, die Experten mit der Zunge schnalzen lässt. Aber sie zeigt leicht verständlich das Leben im Militärlager. Gut gemacht sind die Miniaturen des Stützpunkts mit mehr als 100 Zinnfiguren sowie der Therme und der Siedlung. Das lebensgroße Modell eines Legionärs mitsamt seiner Ausrüstung fasziniert vor allem die jüngeren Besucher. In den Vitrinen liegen Originale und Nachbildungen von Waffen, Geschirr und Alltagsdingen.

Eine besondere Geschichte macht die Historie plötzlich ganz persönlich: An der Wand hängt eine Büste von Claudius Paternus Clementianus – der Kelte wurde um 60 n. Chr. in Abodiacum geboren und machte im Römischen Reich richtig Karriere. Claudius Paternus brachte es bis zum Finanzprokurator im fernen Judäa und wurde im Jahre 125 sogar Statthalter, oberster Richter und Befehlshaber in der Donauprovinz Noricum. Seinen Lebensabend (er starb 135 n. Chr.) verbrachte der römische Politrenter jedoch wieder daheim am Lech.

Zur Abrundung des Museumstags empfiehlt sich ein Abstecher nach Oberdießen: Das dortige Malura-Museum erinnert an Oswald Malura (1906–2003), der als Schwabinger Kunstgröße malte und sogar mit Dalí und Picasso ausstellte. Malura hatte ein Atelierhaus in Oberdießen, 1981 eröffnete er einen Bauernhof als Kulturhaus (www.oswald-malura-stiftung.de).

Adresse Via Claudia 16, 86920 Epfach. www.denklingen.de | **Anreise** Autobahn A96, Ausfahrt Landsberg-West, B17 Schongau/Füssen, rechts nach Epfach. Parken am Museum | **Öffnungszeiten** Mo–So tagsüber (wenn nicht, fragen Sie die Nachbarn nach dem Schlüssel). Eintritt frei | **In der Umgebung** In der Wallfahrtskirche Maria Schmerzen in Vilgertshofen hängen überall Bittzettel aus. Die Kirche schmückt schöner Wessobrunner Stuck.

24 Die Therme in Erding

Europas größter Badetempel

Im Erdinger Ortsteil Altenerding steht ohne Frage der Spaßtempel in Oberbayern: Die Therme ist mit 134.000 Quadratmetern Europas größte Badelandschaft. Schuld war ein Ölkonzern. »Texaco« bohrte hier nach Öl und wurde am 26. November 1982 tatsächlich fündig. Doch die Amis stießen in 2.350 Metern Tiefe auf 63 Grad heißes, schwefelhaltiges Thermalwasser. Der Konzern konnte den Fund nicht gebrauchen, wohl aber ein früherer Chef der Stadtwerke, der ein erstes Thermalbad baute. Aus der Mini-Anlage wurde ein Freizeittempel, der Besucher aus ganz Bayern anzieht.

25 Millionen Euro wurden investiert, und am 3. Oktober 1999 öffnete die Erdinger Therme. Mittlerweile haben die Betreiber 100 Millionen Euro in die Anlagen gesteckt. Es scheint sich zu lohnen, denn die Gästezahlen steigen ständig. Im Jahr kommen mehr als 1,4 Millionen kleine und große Wasserratten in den Münchner Osten. 500 Menschen beschäftigt die Therme. Als der Freistaat 2003 die Fundstelle als staatliche Heilquelle adelte, wurde aus dem Schwefelwasser endgültig blaues Gold.

Ein Tag langt kaum, um alles zu nutzen. Das Saunaparadies rühmen die Betreiber mit seinen 13.000 Quadratmetern als das größte weltweit. 26 Bereiche von der isländischen Geysirhöhle bis zur alpenländischen Holzstube gibt es. Neuerdings wird im keltischen Stonehenge geschwitzt. Die Rutschen-Abteilung »Galaxy« unter der 25 Meter hohen Glaskuppel gilt mit 16 Anlagen, 11.400 Quadratmetern Fläche und 1.400 Metern Gesamtlänge als top in Europa. Die »Magic Eye« ist mit 360 Metern die längste Rutsche Europas, die »Kamikaze« hat satte 60 Prozent Gefälle. Eher für Familien ist die Wackelrutsche gedacht. Ganz gesund geht es in der VitalOase mit seinen Becken zu.

Der Star in Erding aber ist das Wasser. Die Schwefelquelle soll bei Rheuma, Arthritis, Problemen mit Gelenken und der Wirbelsäule sowie Sportverletzungen helfen. Davon wollten sich am 5. Januar 2009 10.637 Gäste überzeugen. Das war Tagesrekord.

Adresse Thermenallee 1–5, 85435 Erding, www.therme-erding.de | Anreise Autobahn A9, Ausfahrt Garching-Süd, Richtung Erding, im Ort ist die Therme ausgeschildert. Autobahn A94, Ausfahrt Anzing, rechts in Richtung Markt Schwaben/Erding, hinter Ottenhofen links nach Erding, Ausfahrt Erding-Süd, auf die B388, nächste Ausfahrt und dann links | Öffnungszeiten Mo–Fr 10–23 Uhr, Sa, So, Feiertage 9–23 Uhr, Schulferien 9–23 Uhr, 1./3. Sa Themenabende 9–1 Uhr. | In der Umgebung Man trifft es fast überall auf der Welt – das Erdinger Weißbier. Bei einer Führung durch die Brauerei wird den Bierbrauern über die Schulter geblickt. www.erdinger.de

25 Der Flughafen im Erdinger Moos

Blick hinter »Franz-Josef-Strauß«

Es war ein besonderer Augenblick an diesem 11. Mai 1992 im eintönig-flachen Erdinger Moos: Bayerns Ministerpräsident Max Streibl gab das Signal zum Start, mit heulenden Turbinen hob der Airbus 340 ab. Der neue Münchener Flughafen im Norden der Stadt war eingeweiht, am 17. Mai 1992 nahm der milliardenteure Bau als Nachfolger des altehrwürdigen Flughafens in Riem den Betrieb auf.

»MUC«, wie er in der Pilotensprache heißt, kurbelt die Wirtschaft kräftig an. 30.000 Menschen finden rund um »Franz-Josef-Strauß« einen Job, das Arbeitsamt in Freising meldet Vollbeschäftigung. 2008 wurden 34,5 Millionen Fluggäste gezählt – damit liegt MUC auf Platz sieben in Europa und auf dem 27. Rang weltweit. Der Flughafen-Konzern FMG setzt im Jahr drei Milliarden Euro um. München wird von 71 Ländern angeflogen. Tendenz steigend.

Man braucht kein Flugticket, um den Flughafen zu erleben. Es gibt ein reichhaltiges Besuchsprogramm. Spannend, gerade für Kinder, ist die Airport-Tour: Im Bus geht es in Bereiche, die man sonst nicht sieht. Die zwölf Kilometer lange, einstündige Fahrt führt vorbei an den zwei Terminals, an der Feuerwache, den Wartungshallen, dem Tanklager und zu den Vorfeldern. Beeindruckend ist der riesige Probelaufstand für die Triebwerke.

Den besten Blick hat man vom 28 Meter hohen Besucherhügel beim Terminal 1 – der Aufstieg über die 172 Stufen lohnt sich allemal. Das Besucherzentrum bietet einen Kinderbereich, in dem erklärt wird, wie so ein Flughafen funktioniert. Draußen laden eine alte »Tante Ju«, DC-3 und Super Constellation zur Erkundung ein. Das Terminal 2 wartet mit einer Besucherterrasse und praktischen Fernrohren auf.

Aber der Airport macht nicht nur positive Schlagzeilen: Sein Bau mitten im Moos war umstritten, ganze Siedlungen mussten verpflanzt werden, und der Bau einer dritten Startbahn wird von Anwohnern seit Jahren erbittert bekämpft.

Adresse Nordallee 25, 85356 München, www.munich-airport.de | **Anreise** Mit dem Auto über die Autobahn A9, Kreuz Neufahrn auf die A92 Richtung Freising, Ausfahrt Flughafen. Mit den S-Bahnen S1 und S8 knapp 40 Minuten ab München-Marienplatz | **Öffnungszeiten** Besucherzentrum und historische Flugzeuge, März–Okt. 9.30–18 Uhr, Nov.–Feb. 9.30–17 Uhr. Besucherhügel immer zugänglich | **In der Umgebung** Industriebecken und Vogelreservat zugleich ist der Ismaninger Speichersee. Das sieben Kilometer lange Becken wurde 1929 angelegt. Der Speicher ist ein Paradies für Angler und Vogelbeobachter, nur zum Baden taugt er nicht.

26 Der Hochwasserschutz in Eschenlohe

Ein Bett aus Beton für sechs Millionen Euro

Diesen Tag hatten die meisten Einwohner von Eschenlohe herbeigesehnt. Am 16. September 2007 wurde der neue Hochwasserschutz in dem kleinen Dorf zwischen Murnau und Garmisch-Partenkirchen feierlich mit viel Politprominenz eingeweiht. Nach zwei verheerenden Fluten, die 1999 und 2005 fast den ganzen Ort unter Wasser setzten, hatte es gelangt: Fast sechs Millionen Euro verbauten Freistaat und Kommune. Es war eines der größten Bauprojekte dieser Art in Bayern.

Der Schutz vor der Loisach hat allerdings ihren optischen Preis: Auf einer Länge von zwei Kilometern entlang des Flusses ragen nun Betonmauern und befestigte Dämme in die Höhe. Das sieht nicht schön aus, soll aber das Wasser aus den Wohngebieten halten. Deutlich attraktiver als die Schutzzonen ist dagegen die neue Brücke über die Loisach, die Eschenlohe bekam. Denn bei den letzten Naturkatastrophen staute sich das Wasser gefährlich an dem zu niedrigen Vorgängermodell; der Übergang wurde derart beschädigt, dass er abgerissen werden musste. Nun steht mitten im Ort eine moderne Konstruktion aus Beton, Stahl und ganz viel Holz. Die Architekten und Ingenieure kamen allerdings bei der Planung ganz schön ins Schwitzen. Die Brücke brauchte eine große Durchflusshöhe für die nächsten Hochwasser, dafür musste die gesamte tragende Konstruktion kunstvoll nach oben über die Fahrbahn verlegt werden. Auch an den Beistand von oben haben die Eschenloher gedacht: Am Südende wacht eine Figur des Brücken-Heiligen Nepomuk über den Übergang. Bislang hat er seinen Job gut gemacht.

Allerdings gab es auch Kritik in der Bevölkerung an dem Megaprojekt. Vor allem die massive Optik der Wände und Dämme wurde bemängelt. Außerdem warnen Fachleute vor einem Schlupfloch für die bei Hochwasser ansteigende Loisach: Denn die Bahn hat ihre Zugtrasse südlich des Dorfs noch nicht gesichert.

Adresse 82438 Eschenlohe, www.eschenlohe.de | Anreise Autobahn A95, Ausfahrt Eschenlohe, in den Ort rein und an der Loisachbrücke parken | In der Umgebung Mehr als 70 Jahre lang wurde im Murnauer Moos bei Eschenlohe Quarzit abgebaut. Über die B2 und unter der A95 führte eine Materialseilbahn zum Hartstein Werdenfels. An der Autobahnunterführung ist eine frei zugängliche Dauerausstellung.

27 Die Holzbrücke in Essing

Europas längster Holzübergang

Der kleine Ort Essing westlich von Kelheim kommt mit einer architektonischen Sensation daher: Europas längste Holzbrücke spannt sich über die Altmühl. Die 193 Meter lange Konstruktion sitzt auf drei Pfeilern, allein der Mittelteil ist 70 Meter lang. Keine Angst, wenn die Brücke sanft hin und her schwankt – das ist normal.

Als der umstrittene Main-Donau-Kanal gebaut wurde, war der alte Essinger Übergang im Weg. Die Kanalbetreiber ließen die Brücke zur südlichen Talseite abreißen und schufen einen Ersatz. Der Kanalbauherr und die zuständigen Behörden segneten die ehrgeizigen Pläne eines Münchener Architekten ab, der Mann wollte doch tatsächlich eine genau 193 Meter lange Brücke über den ganzen Talraum bauen. Deshalb durfte das Bauwerk nicht zu wuchtig werden, damit es nicht das malerische Landschaftsbild stört. Der Architekt hatte sich aus diesem Grund für eine leicht wirkende Konstruktion aus Holz entschieden. Das Besondere ist die extrem geschwungene Linienführung des Fuß- und Radwegs. Sieben Jahre lang wurde gebaut und geplant, dann stand die neue Essinger Brücke. Zuvor war das Modell eigens im Windkanal auf Herz und Nieren getestet worden. Der auf den drei Stützpfeilern ruhende schwungvolle Flussübergang, gestützt von einer zusätzlichen Seilzugkonstruktion, durfte bei Wind nicht zu sehr schwanken.

Essing hat mit seiner neuen Brücke gleich zwei Fliegen mit einer Klappe geschlagen: Zum einen hat die Kommune einen praktischen Übergang über die Altmühl bekommen, zum anderen aber eine touristische Attraktion und einen beliebten Treffpunkt der Einheimischen. Am Fuß der Pfeiler lässt es sich herrlich im Gras rasten und der träge dahinfließenden Altmühl zuschauen. Derartige Hängebrücken haben übrigens Tradition in der Gegend: Schon die Römer spannten eine große Seilhängebrücke über den Donaudurchbruch bei Weltenburg.

Adresse 93343 Essing, www.marktessing.de | **Anreise** Autobahn A9, Ausfahrt Denkendorf, rechts nach Riedenburg, über die Altmühl und gleich rechts nach Essing. Parkplätze an der Brücke | **In der Umgebung** Auf Treidelwegen kann man entlang des Ludwig-Kanals zwischen Kelheim und Riedenburg wandern. Der Kanal von Bamberg nach Kelheim wurde 1846 unter Ludwig I. eingeweiht und verbindet Main mit Donau. Die Wasserstraße wurde 1950 stillgelegt. www.kelheim.de

28 Der Sylvensteinspeicher bei Fall

Ein Dorf musste umziehen

Ihren Arbeitsplatz sehen die Beschäftigten des Wasserwirtschaftsamts Weilheim schon von Weitem, wenn sie die Straße von Lenggries durch das Isartal zum Achensee hochfahren: 44 Meter ragt sie auf 180 Metern Breite in die Höhe – die Talsperre des Sylvensteinspeichers. Der Sylvenstein ging 1959 nach sechs Jahren Bauzeit in Betrieb, satte 61 Millionen Mark wurden investiert. Die Anlage wurde später nachgerüstet und der Damm erhöht – was sich bei den folgenden Hochwasserkatastrophen als Glück erwies. Das Bauwerk war nötig: In Trockenzeiten versorgt der Speicher die Menschen bis nach München mit Wasser, in Regenzeiten schützt er an der Isar vor den Fluten. Angenehmer Nebeneffekt: Die beiden Wasserkraftwerke produzieren 25 Millionen Kilowattstunden Strom im Jahr.

Von der Dammkrone hat man den besten Blick auf das riesige Areal. 124,3 Millionen Kubikmeter gesamter Wasserstauraum und maximal 6,61 Quadratkilometer Seefläche bei prall gefülltem Speicher stehen zu Buche. 120 Messstellen im Damm kontrollieren zu jeder Zeit den Zustand der Wand aus Erdbeton, Kies und Sand.

Der Sylvenstein ist nicht nur eine Industrieanlage. Die Berghänge ringsherum, die Flussauen, Wälder und Moore bilden eine faszinierende Landschaft mit einer vielfältigen Welt an Pflanzen und Tieren. Und am Ufer des Sees genießen die Besucher einen schönen Badetag.

Allerdings verschwand mit dem Speicher ein ganzes Dorf. Fall – berühmt durch Ganghofers Roman »Der Jäger von Fall« – war im Weg. Aller Protest half nichts, 1954 rollten die Bagger und Sprengkommandos an und rissen die Häuser ab. Die 100 Einwohner mussten einige hundert Meter weiter nach Neu-Fall umziehen. Am 24. August 1958 wurde dort die Kirche feierlich mit Blasmusik eingeweiht. Der alte Kirchturm taucht angeblich bei Niedrigwasser aus dem Wasser auf, und um Mitternacht läutet die Glocke. Doch das ist nur ein Gerücht: Das Gotteshaus wurde auch abgerissen.

Adresse 83661 Lenggries, www.wwa-wm.bayern.de | **Anreise** Autobahn A95, Ausfahrt Sindelsdorf, B472 Richtung Bad Tölz, über die Isarbrücke und rechts ab auf die B13 Richtung Lenggries/Achensee, nach Lenggries noch ca. zwölf Kilometer bis zum Speicher. Parkplätze am Damm | **In der Umgebung** Am Tiroler Achensee wird Steinöl gewonnen. Die schwarze Substanz hat heilende Wirkung. Über den mühsamen Abbau informiert das Besucherzentrum Vitalberg der Steinölwerke in Pertisau. www.steinoel.at

29 Der Windachspeicher bei Finning

Badekonkurrenz für den Ammersee

Ein kostenloses Badevergnügen, eine gute Wasserqualität und eine schöne, große Liegewiese: Der Windachspeicher in der nordwestlichen Ammerseeregion bietet ungestörten Naturgenuss. Der Badeplatz hat sich zu einem Geheimtipp und einer echten Alternative zur großen Konkurrenz gemausert. Wenn die Liegewiesen an Ammersee und Wörthsee im Sommer vor lauter Besuchern überquellen, findet sich am Windachspeicher garantiert noch ein freies Plätzchen. Sollte es doch mal voller zugehen, gibt es abseits der großen Hauptwiese am Anfangsbereich des Speichers zwischen den Büschen am Ufer garantiert noch Raum, um das eigene Handtuch auf dem Boden auszubreiten. Die ungestörte Uferlage dort zieht auch so manchen Anhänger der textillosen Badekultur an. Es gibt eine kleine Gastronomie mit Mini-Biergarten. In der direkten Nachbarschaft liegt unter Bäumen ein Jugendzeltplatz für den Gruppenurlaub.

Dabei waren es weniger idyllische Gründe, die das zuständige Wasserwirtschaftsamt Anfang der 1960er Jahre dazu bewogen, den Speichersee anzulegen. Gedacht ist er nämlich als Hochwasserschutz, mit dem die Gemeinden Finning, Windach, Greifenberg und Eching in künftigen Zeiten vor den Fluten der allzu unberechenbaren Windach bewahrt werden sollten. Das Wasser kam regelmäßig, und die Schäden waren immens. Der Platz erschien den Planern für das Bollwerk ideal: An dieser Stelle war die Windach während der Eiszeit durch das Tal gebrochen, die kesselförmige Erweiterung des Geländes bot sich für einen Damm an. In den Jahren 1961 bis 1964 wurde der Speicher gebaut und ein 12,70 Meter hoher Erddamm aufgeschüttet, darauf kam eine 200 Meter lange Fahrbahn – insgesamt wurden sechs Millionen Mark verbaut. Doch die Menschen in den Dörfern ringsherum blieben seitdem vor Hochwasser verschont. Und die Region zwischen Ammersee und Lech hat einen herrlich abgeschiedenen Badeplatz bekommen.

Adresse 86949 Windach, www.vg-windach.de | **Anreise** Autobahn A96, Ausfahrt Schöffelding, links Richtung Finning, im Ort der Hauptstraße folgen und geradeaus weiter in die Stauseestraße. Parkplätze am Damm | **Öffnungszeiten** Der Speichersee ist immer zugänglich | **In der Umgebung** Schloss Kaltenberg wurde 1420 gebaut und ist die Braustätte der König-Ludwig-Brauerei. Das Schloss von Luitpold Prinz von Bayern bietet diverse Gaststätten und im Juli ein Ritterturnier mit mittelalterlichem Lager. www.koenig-ludwig-brauerei.com

30 Das Traumpaar von Fischbach

Barocke Kirche und gemütlicher Biergarten

Kirche und Wirtshaus gehören in Oberbayern zusammen. Das war schon immer so. Eine perfekte Nachbarschaft wird in Fischbach gepflegt. In dem kleinen Dorf, das politisch gesehen zu Bad Tölz gehört, beherrschen die Filialkirche St. Johannes der Täufer und das Wirtshaus das Erscheinungsbild. Die Kirche – mit einem Zwiebelturm, der aus jedem Bayern-Klischee stammen könnte – wurde in den Jahren 1671 bis 1676 erbaut und ist inmitten von Wiesen und Wäldern ein barockes Kleinod. Gleich nebenan darf man den Gasthof Fischbach auch als Juwel bezeichnen, ein Gasthaus, wie es sich gehört, mit gestandenen und resoluten Bedienungen. Ziel der Ausflügler ist vor allem der Biergarten. Der Platz kommt mit seinen schattigen Kastanien, den Holztischen und dem Kiesboden wie gemalt daher.

Noch ein Haus weiter ist die weite Welt der Angler zu Hause. Hier hat Andi Pfirstinger sein Domizil aufgeschlagen. Der Mann ist Fliegenfischer, hat zwei Lehrjahre in den USA in Montana verbracht und gilt im Oberland als Guru der Fischjagd mit Wurfleine und Köder und bis zum Bauchnabel im Wasser stehend. Brad Pitt und sein »Aus der Mitte entspringt ein Fluß« lassen grüßen!

Die kleine schmucke Kirche St. Johannes mit seinem Zwiebelturm wird alljährlich zum Mekka der Kulturliebhaber, nämlich wenn die sommerliche Konzertreihe »Musiksommer Loisachtal« in St. Johannes gastiert. Die Veranstaltungen sind ein Geheimtipp in der Region: Seit 1991 haben sich die Organisatoren historischen Musikstilen und Instrumenten verschrieben. Es ist ein beeindruckendes Erlebnis, wenn mittelalterliche Klänge oder Renaissance-Stücke in den barocken Kirchen und Klöstern des Loisachtals erklingen. Achtung: Buchen Sie früh, in Fischbach jedenfalls platzt die Kirche mit ihren gerade mal 160 Plätzen schnell aus allen Nähten.

Adresse 83646 Bad Tölz-Fischbach, www.bad-toelz.de, www.musiksommerloisachtal.de, www.alpineangler.de, www.gasthaus-fischbach.de | **Anreise** Autobahn A95, Abfahrt Sindelsdorf, auf der B472 bis Bad Heilbrunn, links weg auf die B11 Richtung Geretsried, in Schönrain rechts nach Bad Tölz, kurz hinter Spiegel geht es links nach Fischbach | **In der Umgebung** Ein schöner Platz zum Baden ist der Stallauer Weiher bei Bad Heilbrunn. Zu der Anlage gehört ein Campingplatz. www.bad-heilbrunn.de

31 Die Gärten in Freising

Casino der Mönche und grüner Daumen

Freising ist eine Gartenstadt. In den Anlagen der Fachhochschule Weihenstephan mit der staatlichen Forschungsanstalt für Gartenbau lernen nicht nur die Studenten, einen grünen Daumen zu bekommen. Auch Pflanzenfreunde zieht es in die künstlich angelegte Natur.

Die älteste Anlage ist der Oberdieckgarten. Er wurde bereits 1828 als Demonstrations- und Versuchsanlage angelegt und beherbergt heute Themengärten wie den Apothekergarten.

Der parkähnliche Hofgarten war der Klostergarten der Benediktiner. Hier wachsen alte Baumbestände wie markante Blutbuchen und Silberahorn, Stauden und Rabatten friedlich nebeneinander. Wussten Sie, dass es einen Lebkuchenbaum gibt? Auch der ist hier zu besichtigen. Im Sommer sorgen Lorbeer, Feigen und Palmen für ein exotisches Flair. Ein Schmuckstück ist das Salettl aus dem 17. Jahrhundert. Das ehemalige Gartencasino der Äbte wurde stilvoll restauriert. Von der Aussichtsterrasse blickt man über das Erdinger Moos bis zum Flughafen München. An den Hofgarten grenzt der Buchsgarten an. Hier regieren Sommerblumen zwischen streng geometrischen Buchsbaumhecken.

Die meisten Hobbygärtner haben aber nur ein Ziel: den Kleingarten für Gemüse. 2006 wurde der 350 Quadratmeter große Bereich völlig neu gestaltet. Es gibt Hügel- und Hochbeete, Gewürze, Heilkräuter und Gewächshäuser zu sehen. Wer keinen großen Garten hat, schaut sich im Bereich »Balkonien und Terrassien« um und geht mit vielen Tipps zum Garteln auf kleinstem Raum nach Hause.

1947 wurde der sieben Hektar große Lehrgarten gegründet. Hier werden Stauden, Gehölze und Rosen unter die Lupe genommen. Der Garten zählt zu den deutschen Koryphäen bei der Zucht neuer Rosensorten.

Viel Holz bietet der Gehölzlehrpfad der Landesanstalt für Landwirtschaft. Der Rundweg wurde 2001 angelegt und zeigt einen Querschnitt der heimischen Laubgehölze.

Das Schönste an den Gärten ist neben dem Naturerlebnis aber eines: Der Eintritt ist kostenlos.

Adresse Am Staudengarten 8, 85354 Freising, www.hswt.de | Anreise Autobahn A92, Ausfahrt Freising-Süd, B11 nach Freising, in FH-Nähe gibt es Parkplätze an den Straßen Lange Point und Am Hofgarten | Öffnungszeiten Hof- und Buchsgarten ganzjährig. Sichtungs-, Klein- und Oberdieckgarten April–Ende Okt. Täglich 8–18 Uhr, Sa, So, feiertags 9–18 Uhr. Führungen Mai–Sept. Anmeldung unter Tel. 08161/71-4026 | In der Umgebung In Bahnhofsnähe findet sich mit dem Rosengarten an der Gartenstraße ein wunderschöner Ort zum Entspannen. Das Areal liegt in einer großen Parkanlage und ist über die Fußgängerbrücke vom Fürstendamm über die Schleifermoosach zu erreichen. www.freising.de

32 Das Renaissancegeläut von Freising

500 Jahre alter Klang

Schade, dass der Papst es bei seinem Besuch im frisch restaurierten Dom zu Freising nicht hören konnte: Als Benedikt XVI. 2006 seine Weihekirche betrat, musste er auf etwas Wesentliches im Freisinger Wahrzeichen verzichten: den Klang des größten, vollständig erhaltenen Renaissancegeläuts der Welt. Denn das elfstimmige Glockenspiel in den beiden Türmen wurde gerade überholt. Knapp ein Jahr später war alles fertig, und die Menschen lauschten ergriffen auf dem Domberg dem Klang der Glocken.

Die Akustik ist beeindruckend. Acht der zehn Glocken im Nordturm stammen aus dem 16. Jahrhundert, alle aus der Werkstatt des Münchner Gießers Wolfgang Stecher den Jüngeren. Der schuf sie zwischen 1563 und 1583. Im Südturm hängt die große Korbiniansglocke. Das Fünf-Tonnen-Monstrom wurde 1724 von Kurfürst Max Emanuel zum 1.000-Jährigen des Bistums gestiftet und aus erbeuteten türkischen Kanonen gegossen.

Im Gegensatz zu vielen ihrer Kolleginnen hatten die Freisinger Glocken viel Glück. Sie überstanden die Säkularisation 1803 und die Einschmelzungen der beiden Weltkriege. 1947 kehrten sieben abtransportierte Exemplare unversehrt von Hamburg nach Freising zurück. Doch das historische Geläut war zerrissen, zwei Glocken mussten wegen Einsturzgefahr des hölzernen Glockenstuhls an andere Kirchen verliehen werden. Doch dem Freisinger ist sein Domberg heilig. Die verliehenen Glocken wurden zurück ins Oberbayerische geholt, dazu zwei Exemplare in einem Passauer Betrieb gegossen und alles in einem neuen Eichenholzgerüst montiert. Zum Korbiniansfest am 24. November 2007 feierte der Münchener Kardinal Friedrich Wetter im Dom den Festgottesdienst, und erstmals erklang im Nordturm seit über einem halben Jahrhundert wieder das komplette Renaissancegeläut über die Dächer der alten Bischofsstadt. Eine der neuen Glocken trägt den Namen des heiligen Benedikt – die Idee hatte der Papst bei seinem Dombesuch.

Adresse Domberg 27, 85354 Freising | **Anreise** Autobahn A92, Ausfahrt Freising-Mitte (Domberg ausgeschildert), Parkplätze rund um den Domberg | **Öffnungszeiten** Mariendom mit Krypta, Kreuzgang und Benediktuskirche tägl. 8–12 und 14–18 Uhr, im Winter bis 17 Uhr, Sa, So, feiertags durchgehend, Freitagvormittag geschlossen. Führungen nach Vereinbarung. www.freising.de | **In der Umgebung** Der 84 Meter hohe barocke Turm der Stadtpfarrkirche St. Georg ist neben dem Dom ein Wahrzeichen Freisings. Von oben hat man einen weiten Blick über die Altstadt (Turmbesteigung Mai–Okt. Sa 14–17).

33 Das Kunsthaus in Fürstenfeldbruck

Raum für Kultur in Nummer 10

In Deutschland gibt es knapp 100 Künstlerhäuser, in denen kreative Mitmenschen Räume für Werkstätten und Ausstellungen finden. In Bayern existieren nur sechs Stück – eines davon in Fürstenfeldbruck: das Haus 10 im Hof des früheren Zisterzienserklosters Fürstenfeld. Getragen wird die Einrichtung von der Interessengemeinschaft Kultur sowie der etwa 70 Mitglieder starken heimischen Künstlervereinigung, die regelmäßig Veranstaltungen organisiert.

Dabei war es anfangs gar nicht klar, dass in den ehemaligen Wirtschaftsgebäuden des Klosters die Kunst einziehen würde. 1979 kaufte die Stadt die Anwesen vom Wittelsbacher Ausgleichsfonds und wollte eigentlich dort eine schöne neue Stadthalle hochziehen. Doch das Projekt wurde aus Kostengründen beerdigt.

Einige engagierte Kreative schlugen vor, das Haus Nummer 10 doch für Werkstätten, Ateliers und Galerieräume zu nutzen. Die Stadt willigte ein und bot 1989 das Erdgeschoss an. Zwei Jahre später wurde der Nutzungsvertrag unterschrieben und kurze Zeit später die Öffentlichkeit zur ersten Ausstellung mit Künstlern aus dem Landkreis eingeladen.

Seitdem hat sich die Kulturwerkstatt zu einem Anziehungspunkt entwickelt, Künstler aus aller Welt nutzen die Räume. Mittlerweile stehen 300 Quadratmeter Ausstellungsfläche zur Verfügung. »FFB« hat die Kunst entdeckt: Eine Druckwerkstatt wurde eröffnet, 2009 die »Alte Schmiede« auf dem Klosterareal als neue Bildhauerwerkstatt renoviert. Ein Teil der alten Bildhauerwerkstatt im benachbarten Haus 11 wird als Mal- und Zeichenwerkstatt genutzt. Doch die Künstler werkeln nicht vor sich hin, die Öffentlichkeit wird ins kreative Haus 10 einbezogen: Einige Werkstätten können gemietet werden, das Kulturprogramm umfasst Lesungen, Vorträge, Gespräche und Kurse.

Fürstenfeldbruck baute sich dann doch eine neue Stadthalle: Das Veranstaltungsforum neben dem Kloster wurde 2001 eröffnet.

Adresse Kloster Fürstenfeld 10b, 82256 Fürstenfeldbruck, www.kulturwerkstatthaus10.de und www.fuerstenfeldbruck.de | **Anreise** Autobahn A8, Ausfahrt Dachau/Fürstenfeldbruck, auf der B471 nach FFB. Autobahn A96, Ausfahrt Gilching, bis Alling, links auf die B2 nach FFB. Parkplätze vorm Klosterhof. Mit der S-Bahn: S8 ab München-Hauptbahnhof | **Öffnungszeiten** Fr 16–18 Uhr, Sa, So, Feiertage 10–18 Uhr | **In der Umgebung** Wenn Sie auf dem Klosterareal sind, unbedingt die ehemalige Klosterkirche anschauen. Die 1714 geweihte Marienkirche ist ein Meisterwerk der Asam-Brüder, sehenswert ist die Orgel von 1736 mit 1.502 Pfeifen.

34 Die Schanze in Garmisch-Partenkirchen

Das neue Wahrzeichen des Wintersportorts

Wer die Straße nach Mittenwald fährt, sieht sie kurz vorm Kreiskrankenhaus rechter Hand am legendären Slalomhang Gudiberg stehen: Die neue Skiflugschanze ist das ebenso majestätische wie moderne Wahrzeichen von Garmisch-Partenkirchen. Der Turm 62 Meter hoch, der Anlauf 103,50 Meter lang, wenn der Springer den Bakken verlässt, hat er fast 95 Stundenkilometer unterm Ski.

Vorteil für Besucher: Im Gegensatz zu den Athleten können sie vom Turm den Traumblick auf Deutschlands Kapitale des Wintersports und ins Loisachtal genießen. Es gibt Führungen auf die Schanze. Bequem mit dem Aufzug oder zu Fuß über die 332 Stufen der »Himmelsleiter« geht es zu den drei Ebenen des Schanzenkopfes.

Der Gudiberg ist ein Schanzenviertel. Bereits 1923 wurde am Hang die erste Schanze mit einem mehr als 40 Meter hohen künstlichen Anlaufturm gebaut. Bei den Olympischen Winterspielen 1936 bejubelten 130.000 Zuschauer den Sieg des Norwegers Birger Ruud. 1950 machte GAP, wie der elend lange Ortsname in Anlehnung ans Autokennzeichen gern abgekürzt wird, architektonische Schlagzeilen: Am Gudiberg wurde die erste Schanze der Welt in Stahlkonstruktion errichtet. Die betagte Dame musste 2007 dem Neubau weichen. Die alte Schanze wurde gesprengt und in nur acht Monaten ein Hightech-Bau mit allen Schikanen hingestellt.

Doch das Projekt drohte aus dem Ruder zu laufen. 9,97 Millionen Euro wurden als Gesamtkosten geschätzt, am Ende mussten etwa 14 Millionen Euro gezahlt werden. Kurz vor der Eröffnung mit dem Neujahrsspringen der Vierschanzentournee 2008 verschwand auch noch ein Sponsor. Aber am Ende schafften es die Garmisch-Partenkirchener doch. Über 600 Tonnen wurden verbaut, und der Ort hatte seinen »Olympischen Freischwinger«, wie er wegen der Konstruktion scherzhaft bezeichnet wird. Beim Neujahrsspringen am 1. Januar 2010 stellte der Schweizer Simon Ammann einen neuen Schanzenrekord auf: Er sprang 143,50 Meter weit.

Adresse Karl-und-Martin-Neuner-Platz, 82467 Garmisch-Partenkirchen | **Anreise** Autobahn A95, Ausfahrt Eschenlohe, auf die B2 nach Garmisch, in Garmisch der B2 Richtung Mittenwald folgen, vorm Ortsausgang rechts in die Wildenauer Straße zum Skistadion | **Öffnungszeiten** Führungen Sa 15 Uhr. Anmeldung unter Tel. 08821/180700. Infos bei der Touristeninformation, www.gapa.de | **In der Umgebung** Die Bobbahn von 1936 in Riessersee steht heute unter Denkmalschutz. Die historische Anlage mit ihren vielen Kurven kann durchwandert werden (feste Schuhe nötig). Im »Bobschuppen« gibt es alte Rennbobs und Filme.

35 Die Landwerkstätten in Glonn

Die Ökobetriebe sind ein bisserl anders

Gestresste Tiere, Fleisch vom Fließband, industrielle Produktion von Lebensmitteln, Masse statt Klasse. Es geht auch anders. Dies beweisen die Herrmannsdorfer Landwerkstätten in Glonn. Auf dem einstigen Landgut im Landkreis Ebersberg hat sich ein Bio-Unternehmen etabliert: Tierhaltung, Landwirtschaft, Fleischverarbeitung und Vermarktung – alles nach eigenen ökologischen Richtlinien.

Dahinter steckt ein Mann: Karl Ludwig Schweisfurth. Der einstige Vorzeigeunternehmer aus dem westfälischen Herten war ein lupenreiner Fleischindustrieller, bis er 1984 seine »Herta«-Werke verkaufte und umsattelte. Er wollte nicht mehr »gehetzt von Termin zu Termin, von Sitzung zu Sitzung« leben und mit auf »gute Fleischleistung hochgezüchteten« Tieren zu tun haben, wie Schweisfurth selbst sagt. In Herrmannsdorf begann der Aussteiger 1996 mit dem Öko-Landbau. Das Unternehmen boomt. Beim geläuterten Lebensmittelunternehmer arbeiten rund 200 Beschäftigte, es gibt eigene Metzgereien, in der Kasse klingeln um die 20 Millionen Euro Jahresumsatz. Herzstück ist das Netz von rund 70 Biobauern und Herstellern aus der Region, die ihre Produkte liefern. Verarbeitet werden die ökologisch erzeugten Pflanzen und Tiere in der eigenen Metzgerei, Bäckerei und Käserei, die Vermarktung übernehmen die Landwerkstätten gleich mit.

In Herrmannsdorf leben nicht nur vom Aussterben bedrohte Schwäbisch-Hällische und Weideschweine auf den hofeigenen Wiesen wie Götter in Frankreich. Auch den Besuchern wird einiges geboten. Gastronomisch gibt es das »Schweinsbräu« mit eigenem Gerstensaft und Bio-Biergarten, kulturell die sonntäglichen Jazz-Frühschoppen und Kunsthandwerkermärkte, und spielerisch werden die Kinder unterhalten.

Ach so: Der Begriff »Landwerkstätten« wurde übrigens bewusst gewählt. Damit soll die handwerkliche Lebensmittelproduktion auf dem Land fernab von Fabrikhallen gewürdigt werden.

Adresse Herrmannsdorf 7, 85625 Glonn, www.herrmannsdorfer.de | **Anreise** A99, Ausfahrt Hohenbrunn, Richtung Putzbrunn und Glonn. In Glonn Richtung Aßling und nach zwei Kilometer links abbiegen in Richtung Grafing/Ebersberg. Nach 500 Metern kommt Herrmannsdorf | **Öffnungszeiten** Hofmarkt 1. April–31. Okt. Mo–Fr 9–18 Uhr, Sa 9–14 Uhr. 1. Nov.–31. März, Mo–Do 9–13.30 Uhr und 15–18 Uhr, Fr 9–18 Uhr, Sa 9–14 Uhr. Wirtshaus Mi–Fr 12–14 und 18–1 Uhr, Sa 12–15 und 18–1 Uhr, So 12–1 Uhr. Mo, Di Ruhetag. Biergarten Sa, So und feiertags ab 11 Uhr | **In der Umgebung** In Moosach liegt der Steinsee, der wegen der parkähnlichen Liegewiese und des flachen Wassers beliebt ist. Sanitäranlagen und Gastronomie.

36 — Das Opernfestival in Halfing

Klassik im Kuhstall

Es fing 1997 mit einem Unwetter an: Wegen Regens wurden die Freilichtaufführungen von Mozarts »Zauberflöte« in Halfing schnell in die trockene Reithalle von Gut Immling verlegt. Die Akustik und das Ambiente mitten im Wald, zwischen Bad Endorf und Rosenheim, kamen so gut an, dass Intendant, Opernsänger und Gutpächter Ludwig Baumann beschloss, ein besonderes Opernfestival aus der Taufe zu heben. Die Mischung aus ländlichem Charme und anerkannt hoher Kulturqualität machen die Immlinger Festspiele zu einem besonderen Erlebnis.

Die Sache boomt: Waren es im Anfangsjahr gerade mal vier Aufführungen, strömten 2008 beim 12. Opernfestival 15.000 Besucher zu Nabucco, Rigoletto, Così fan tutte, Kinderoper und diversen Konzerten. Das Besondere ist der eigene Immlinger Opernchor: Die bis zu 200 Mitwirkenden sind meist Laien.

Die einst spartanische Reithalle wurde kräftig ausgebaut, 600 Zuschauer finden mittlerweile auf bequemen Ledersesseln in dem voll klimatisierten Gebäude Platz. Draußen versorgt ein Gastronomiezelt die Besucher. Bei allem Komfort hat sich das Festival seinen übersichtlichen und familiären Charakter bewahrt. Dafür sorgt nicht zuletzt das ausgeklügelte Parkkonzept: Das Gelände ist für den Verkehr gesperrt, die Blechlawinen müssen weit draußen bleiben, kostenlose Shuttlebusse bringen die Besucher bis vors Festzelt. Der Blick vom Plateau oberhalb von Halfing auf die traumhafte Bergwelt der Chiemgauer Alpen im Hintergrund und den Sonnenuntergang wird also durch nichts gestört.

Auf Gut Immling spielen die Opernstars aber nur ein paar Wochen die Hauptrolle. Pächter Baumann, gebürtiger Rosenheimer, hat das Anwesen in einen Gnadenhof für Tiere umgewandelt. Pferde, Ponys, Esel, Ziegen, Schafe, Schweine und Lamas sind die verbleibenden zehn Monate die Hauptakteure – sehr zur Freude der Kinder.

Adresse 83128 Halfing, www.gut-immling.de | **Anreise** Autobahn A8, Ausfahrt Rosenheim, Richtung Bad Endorf, links ab nach Wasserburg/Halfing, nach 2,5 Kilometern links nach Immling. Vorsicht: Straße wird immer schmaler. Beim Festival nur Shuttlebus, Parken im Gewerbegebiet Bad Endorf | **In der Umgebung** Der Simssee ist der größte See im Landkreis Rosenheim, aber die meisten fahren an ihm achtlos vorbei. Dabei ist er mit seinem oft über 20 Grad warmen Wasser ein idealer und ruhiger Badeplatz.

37 Die Gindelalm bei Hausham

Bergleben zwischen drei Hausnummern

Die knapp eine Stunde Aufstieg von Breitenbach aus lohnt sich: Vom Sattel der Gindelalm hat man einen der besten Blicke auf das Alpenvorland und gleich noch das Wendelsteingebirge mit. Trio ist hier oben Trumpf: Gleich drei Almen tragen den Namen Gindelalm, und der Einfachheit halber wurden sie durchnummeriert: eins, zwei und drei. Die Hütten sind alle bewirtschaftet, leicht zu erreichen und deshalb ein beliebtes Ausflugsziel – den Panoramablick von der 15 Minuten entfernten Gindelschneid ins Tal hinunter gibt es inklusive. Die Almen liegen zwar »nur« auf 1.242 Metern, aber was die Aussicht über den Schliersee angeht, kann der Platz locker mit weit höheren oberbayerischen Aussichtskanzeln mithalten.

Auch was all die liebenswerten Erinnerungen an die gute alte Almerer-Zeit betrifft: Geschichten gibt es von der Gindelalm genug zu erzählen. Eine besonders liebenswerte ist die von der Kuh Sabrina: Nach neun Kälbern sollte Sabrina erholsam unten im Tal bleiben, dachten ihre Besitzer. Als dann all die Kolleginnen zum Almauftrieb loszogen, dreht die Sabrina fast durch. Sie wollte doch unbedingt mit und beruhigte sich erst nach Tagen. Im nächsten Jahr war sie wieder dabei, stürmte aus dem Stall und zielsicher auf den Weg zur Gindelalm. Nach dem zwölften Kalb und im veritablen Alter von 15 Jahren marschierte Sabrina in den Kuhhimmel, doch vergessen ist sie auf den drei Almen nicht.

Und auch im Tal gibt es so einiges, was dem Vergessen vorbeugen soll. Wie Hausham und der Bergbau: Bis 1966 wurde nördlich des Schliersees das schwarze Gold aus der Tiefe geholt; die Zeche wurde dichtgemacht, aber der Förderturm von 1936 blieb stehen. Ein Besuch im kleinen Bergbaumuseum im Rathaus lohnt sich – und ist der perfekte Abschluss eines Almtages.

Adresse 83734 Hausham, www.gindelalm.de | Anreise Autobahn A8, Ausfahrt Weyarn. Auf der B307 nach Schliersee und kurz nach dem Ortsschild vor der Kirche rechts abbiegen, über den Bahnübergang in die Breitenbachstraße. Am Ende ist ein Wanderparkplatz. Aufstieg über Forstwege und Pfade | Öffnungszeiten Gindelalm 1: Mitte Mai bis Ende Oktober. Gindelalm 2: Christi Himmelfahrt bis 3. Sonntag im Oktober. Gindelalm 3: Mitte Mai bis Ende Oktober. Kein Ruhetag | In der Umgebung Das Bergbaumuseum im Keller des Haushamer Rathauses zeigt die mühsame Arbeit unter Tage. www.hausham.de

38 Die alte Rodelbahn unterm Herzogstand

Einst ein Mekka der Wintersportler

Der 1.731 Meter hohe Herzogstand bietet einen Traumblick auf den Walchen- und den Kochelsee. Leider ist der Gipfel mit der Seilbahn zu erreichen und deshalb bei schöner Wetterlage gerammelt voll. Dann braucht man sich keine Gedanken über einen freien Platz auf der Sonnenterrasse des Berggasthofs zu machen. Doch es gibt eine Alternative für den Gipfelsturm: Von Schlehdorf aus in einer dreistündigen Wanderung über den Pionierweg unterhalb der Nordflanke des Herzogstands entlang. Das hält fit, bringt neidische Blicke der Seilbahnfahrer – und man ist bis kurz vorm Berggasthaus ziemlich allein unterwegs.

Kurz nach dem Start vom Wanderparkplatz in Schlehdorf kommt man an einem seltsamen Arrangement vorbei: Einsam steht ein Häuschen am Fuß eines Abhangs, den Berg runter ist schwach eine Trasse zu erkennen. Bis vor wenigen Jahren noch rosteten an der Strecke alte Lampen und verrotteten die Überbleibsel von Kurven entlang der Forststraße. Die Hütte gehört dem Wintersportverein, die Trasse war einst die Rodelbahn von Schlehdorf.

Schlehdorf war ein Mekka der Wintersportler. Vor allem das Skispringen erlebte einen Boom. Schon bald nach der Vereinsgründung 1925 bewiesen die ersten Springer auf der Schanze am Karbichl ihren Mut. 1952 wurde die erste große Schanze am »Gstoagl« errichtet, doch sie wurde bald abgebaut und versetzt. 1956 durfte der Verein sogar die Münchener Nordischen Meisterschaften organisieren. Diese Meisterschaften wurden bis 1973 achtmal in Schlehdorf veranstaltet. 1960 wurde die »Kochelseeschanze« eingeweiht und 1968 die Rodelbahn gebaut.

Geblieben ist von den Anlagen nichts außer ein paar Sockelresten im Wald. Doch davon ahnt man bei der Bergtour nichts. Wer auf dem Herzogstand angekommen ist, der kann noch rüber zum Heimgarten gehen. 1,5 Stunden dauert die Tour, aber man sollte trittsicher und schwindelfrei sein. Runter geht es dann bequem mit der Bahn.

Adresse 82432 Walchensee, www.herzogstand.kochel.de | **Anreise** Autobahn A95, Ausfahrt Sindelsdorf, B472 in Richtung Bad Tölz und gleich rechts über Sindelsdorf/Großweil nach Schlehdorf. Am Gasthof in der Kurve rechts rein. Parkplätze gegenüber. Zu Fuß den Schildern »Pionierweg« folgen. Die WSV-Hütte kommt nach drei Kilometern rechts | **Öffnungszeiten** Fahrzeiten Bahn: Im Sommer Mo–Sa 9–15.45 Uhr und So, Feiertage 9–16.15 Uhr, im Winter Mo–So 10–15.45 Uhr | **In der Umgebung** Die einstündige Bootstour Juni–Sept. mit der neuen »Herzogstand« auf dem Kochelsee macht Spaß, außerdem gibt es das Bergpanorama kostenlos dazu. Gehalten wird in Schlehdorf, Kochel und am Walchensee-Kraftwerk. www.motorschiffahrt-kochelsee.de

39 Das Panorama von der Hochries

Gipfel wird gern links liegen gelassen

Für einen Hausberg ist die Hochries bei Samerberg am Nordrand der Chiemgauer Alpen so herrlich wenig überlaufen. Der 1.569 Meter hohe Berg ist zwar beliebt bei den Rosenheimern, aber ansonsten fährt die Wochenendkarawane der Ausflügler gern mal achtlos dran vorbei. Dabei geizt die Erhöhung nicht mit natürlichen Reizen: Der 360-Grad-Rundblick bietet das Rosenheimer Land, Simssee und Chiemsee und das Inntal. Spielt das Wetter mit, bekommt man im Süden Alpengletscher und Großglockner serviert.

Zwei Möglichkeiten gibt es, die Hochries zu erobern. Bequemer ist die Fahrt mit der Seilbahn von Grainbach aus. Der Sessel geht bis zur Mittelstation auf 916 Metern Höhe, ab dann surrt die 1972 eröffnete Kabinenbahn hinauf. Nach 1,7 Kilometern Fahrt ist das Ziel auf 1.542 Metern erreicht. Von da sind es nur wenige Schritte bis zum Gipfelkreuz und zur bewirtschafteten Hütte des Alpenvereins.

Die zweite Alternative ist auf Schusters Rappen. Von der Talstation geht es auf der befestigten Straße bis zur Mittelstation (für Kinderwagen geeignet). Ab hier wird es anstrengend, schließlich müssen 750 Höhenmeter bewältigt werden. Das Gelände ist nichts für die Sandalen- und Sportschuhfraktion; festes Schuhwerk, wetterfeste Kleidung und Kondition sind Pflicht. Der Wanderer kann zwischen zwei schönen Routen auf den Hochriesgipfel wählen. Karten gibt es an der Talstation. Tipp: Zu Fuß hinauf und abwärts gemütlich mit der Bahn schweben, dann kann man als Belohnung das Panorama betrachten.

An schönen Tagen herrscht über der Hochries reger Flugverkehr. Der Berg zählt zu den beliebtesten deutschen Revieren für Drachen- und Gleitschirmflieger. Wer den Traum vom lautlosen Fliegen ohne eigene Ambitionen genießen will, kann dies im Tandemflug machen. Die Bergbahnen haben sich auf die Flieger eingestellt: Als Service dürfen die Flieger bei schlechten Wetterbedingungen kostenlos wieder ins Tal fahren.

Adresse 83122 Samerberg, www.hochriesbahn.de | **Anreise** Autobahn A8, Ausfahrt Achenmühle, Richtung Grainbach | **Öffnungszeiten** Fahrten Mo–So 8.30–17 Uhr. Achtung: Revisionszeiten beachten | **In der Umgebung** Die Grundzüge von Schloss Hohenaschau stammen aus dem 12. Jahrhundert, dazu gibt es noch Renaissance- und Barockstile. Das bescheidene Anwesen gehört dem Bund, deshalb sind Besichtigungen nur mit Führung möglich. www.aschau.de

40 Der Sendemast auf dem Hohen Peißenberg

Hightech, Wissenschaft und Tradition

Der Hohe Peißenberg steht mit seinen 988 Metern Höhe allein in der sanften Weite des Oberlands. Sein Wahrzeichen ragt noch weiter in den Himmel: der 158 Meter hohe Sendemast. Der Stahlbetonturm wurde 1978 gebaut und ersetzte den Vorgänger aus den 1950er Jahren. Hier oben auf dem Gipfel des »Bayerischen Rigi« bietet sich dem Besucher eine in Oberbayern einzigartige Kombination von Technik, Wissenschaft und Tradition: Wenige 100 Meter entfernt steht die Wallfahrtskirche Mariä Himmelfahrt samt der Gnadenkapelle Unserer Lieben Frau. Und nur ein paar Schritte weiter klebt am Westhang das Observatorium des Deutschen Wetterdiensts – die meteorologische Station ist die älteste ihrer Art auf der Welt.

Der erste Sendemast wurde 1950 neben dem Gasthof aufgestellt, 1973 bekam die Oberpostdirektion München die Genehmigung zum Bau eines größeren Senders. Am 24. April 1978 ging die Anlage – es war der 90. und letzte Grundversorgungssender der Bundesrepublik – ans Netz. Für den Koloss wurden gewaltige, bis zu neun Meter tiefe und 20 Meter breite Betonfundamente gegossen.

Was kaum jemand weiß: Auch die US-Armee nutzte den Hohen Peißenberg für eine Station. Diese wollten die Amis mitten in den Pfarrgarten setzen, was zu heftigen Protesten führte. Die Armee gab nach und baute ihren Sender auf ein Gelände unterhalb des Friedhofes hinter Stacheldraht auf. Heute nutzt ihn das Verteidigungsministerium sporadisch für Übungen.

Bereits seit 1781 wird auf dem Hohen Peißenberg regelmäßig das Wetter beobachtet. Angefangen hatten damit die Rottenbucher Augustiner-Chorherren, 1940 zog der Reichswetterdienst in das neue Gebäude ein, dass mehrfach erweitert wurde.

Hauptattraktion auf dem Berg ist die ab 1616 errichtete Wallfahrtskirche, ein Schmuckstück der ausgehenden Renaissance. Das Juwel aber ist die angebaute Gnadenkapelle mit ihren Stuckarbeiten.

Adresse Matthäus-Günther-Platz, 82383 Hohenpeißenberg, www.hohenpeissenberg.de und www.dwd.de | **Anreise** Autobahn A96, Ausfahrt Landsberg-West, B17 bis Peiting, B472 Richtung Peißenberg, in Hohenpeißenberg geht es am Rathaus links den Berg hinauf. Parkplätze unterhalb des Friedhofs und oben auf dem großen Platz | **Öffnungszeiten** Kirche Mo–So 8–20 Uhr. Infopavillon Wetterdienst Mo–So 8–18 Uhr | **In der Umgebung** Am Eingang zum Observatorium des Deutschen Wetterdienstes steht ein Infopavillon. Gut gemachte Schautafeln sorgen für Durchblick. Ein neuer Wetterpfad führt vom unteren Parkplatz hoch zum Observatorium. In diesem können die Besucher kostenlos witzige Experimente zum Thema »Wetter« machen.

41 Das Buchheim-Museum in Höhenried

Große Sammlung von Expressionisten

Höhenried in Bernried bekam das weltberühmte Buchheim-Museum eigentlich aus der schlechten Laune eines Gönners und der Schlitzohrigkeit eines oberbayerischen Kommunalpolitikers heraus. Als sich der streitbare Autor, Maler und Sammler Lothar-Günther Buchheim (1918–2007) im Zorn von seinen Feldafinger Mitbürgern und seinen von jenen abgelehnten Museumsplänen in Feldafing mit dem legendären Ausspruch »Kanalratten« verabschiedet hatte, griff Bernrieds damaliger Rathauschef Walter Eberl beherzt zu. Der zupackende Bürgermeister machte Buchheim bei diversen Renken-Fischmenüs die kleine Gemeinde am Starnberger See als Standort für sein Museum schmackhaft. Dem streitbaren Exzentriker mit der Augenklappe gefiel die Schmeichelei. Buchheim griff zu, der Freistaat finanzierte kräftig mit, und Bernried bekam ein Museum, das seinesgleichen sucht. Stararchitekt Günter Behnisch durfte sich im Höhenrieder Park so richtig austoben, was der Gegend ein extravagantes, flaches, aber durch die verwendeten natürlichen Holzmaterialien ins Umfeld passendes Gebäude bescherte. Der Bau endet in einem zwölf Meter langen über dem Wasser schwebenden Steg. Im Jahr 2001 wurde das »Museum der Phantasie« am Seeufer eröffnet – und erlebt seitdem einen stetig wachsenden Besucherboom.

Das Konzept vereinigt vier Sammlungen unter einem Dach: Expressionisten (Schwerpunkt »Die Brücke« mit Ernst Ludwig Kirchner, Erich Heckel, Karl Schmidt-Rottluff und Max Pechstein), Völkerkunde, Kunsthandwerk aus aller Welt und Buchheim-Werke. Darüber hinaus werden viele Ausstellungen organisiert.

Das Buchheim-Musuem gönnt sich sogar den Luxus einer eigenen Schiffsverbindung. Von Mai bis September legt die »MS Phantasie« bei ihren Rundfahrten auf dem Starnberger See in Höhenried an. Und wer weiß, vielleicht hat mittlerweile auch so mancher Feldafinger ganz neidisch beim Museum vorbeigeschaut.

Adresse Am Hirschgarten 1, 82347 Bernried, www.buchheimmuseum.de | **Anreise** Autobahn A95, Dreieck Starnberg in Richtung Starnberg, am See entlang über Possenhofen, Feldafing, Tutzing nach Höhenried. Museumsparkplatz direkt an der Straße | **Öffnungszeiten** April–Okt. Di–So 10–18 Uhr, Nov.–März Di–So 10–17 Uhr, Mo geschlossen | **In der Umgebung** Von der 726 Meter hohen Ilkahöhe südlich von Tutzing hat man den besten Rundblick auf den Starnberger See und die Alpen. Der Biergarten des Forsthauses ist ein beliebtes Ziel von Wanderern und Radlern.

42 Die Osterseen in Iffeldorf

Geschützter Schatz aus der Eiszeit

Was haben die Fossiliengrube Messel, das Wattenmeer und die Rügener Kreidefelsen mit den Iffeldorfer Osterseen gemeinsam? Sie sind ein »Nationaler Geotop«. 2006 wurde das Wahrzeichen Iffeldorfs von der Akademie der Geowissenschaften mit dieser Auszeichnung bedacht. Damit nicht genug: Die Osterseen wurden noch gleich in den exklusiven Club der »100 schönsten Geotope Bayerns« aufgenommen. 1981 wurde das 1.086 Hektar große Areal unter Naturschutz gestellt. Was eine gute Idee war, denn die Osterseen sind ein Paradies für die Pflanzen- und Tierwelt – aber auch für die Naherholer.

Dabei ist der Begriff irreführend, die »Osterseen« gibt es gar nicht. Denn die 19 Gewässer haben alle eigene Namen. Da gibt es neben dem Ostersee den Fohnsee, den Staltacher See genauso wie den Sengsee und den Gartensee. Und so weiter.

Wer auf einem der Wanderwege die Seenplatte erkundet, wandelt mitten durch die Erdgeschichte. Vor rund 15.000 Jahren schmolzen hier die Gletscher der letzten Würm-Eiszeit ab. Zuflüsse von den Alpen gab es nicht, es verlandete nichts. Das Geologische Landesamt bezeichnet das Gelände deshalb als »eine der am besten erhaltenen Eiszerfall-Landschaften Bayerns«. Die Natur hatte einen genialen Trick: Als die Eisblöcke zerfielen, blieben Löcher zurück, die sich mit Wasser füllten – die Seen entstanden.

Die Mischung macht es: Der Reiz eines Besuchs verteilt sich auf 494 Hektar Hoch-, Nieder- und Zwischenmoor, 172 Hektar Mischwald und der Rest auf Uferregionen und Wiesen. Hier wachsen Trollblumen, Sumpfherzblatt, Enzian, Wiesensalbei, Wiesenbocksbart, Wollgras und Orchideen. Schmetterlinge, Hummeln und Bienen fühlen sich in der üppigen Vegetation wohl, am Wasser sind Libellen zu beobachten.

Aber Vorsicht: Die Natur ist empfindlich, abseits des ausgedehnten Wegenetzes geht nichts, und für Wasserfreunde gibt es lediglich vier ausgewiesene Badeplätze.

Adresse 82393 Iffeldorf, www.iffeldorf.de | Anreise Autobahn A95, Ausfahrt Iffeldorf, rechts und in Untereurach links über die Bahngleise nach Iffeldorf, Straße folgen, in der Linkskurve geradeaus in die Jägergasse. Kostenpflichtiger Parkplatz. Zweiter Wanderparkplatz an der Straße nach Seeshaupt in Staltach | In der Umgebung Am Ostrand von Iffeldorf steht auf einer Anhöhe die Heuwinklkapelle. Das 1701 geweihte Kircherl ist eine beliebte Marienwallfahrtsstätte mit sehenswerten Stuckarbeiten.

43 Das Anatomische Theater in Ingolstadt

Nichts für schwache Nerven

In Ingolstadts skurrilstem Museum braucht es gute Nerven für den Rundgang, denn die Anatomiestraße an der südlichen Stadtmauer verrät, was sich hinter der freundlichen Barockfassade der Häuser verbirgt: Das Deutsche Medizinhistorische Museum lädt den Besucher mit seinen Sammlungen und Ausstellungen zu einem Wechselspiel zwischen fachlichem Interesse an Medizingeschichte und wohligem Schauder über die Arbeit der Chirurgenzunft ein.

Die »Alte Anatomie« der Universität wurde ab 1723 gebaut, im Anatomischen Theater und seinem Lehrgarten wurden Bayerns Ärzte ausgebildet. Die Uni ging 1800 nach München, das Gebäude verfiel, aber zum Glück ließ die Stadt es restaurieren, und 1973 zog das Museum ein. In den 22 Abteilungen wird die Vielfalt der Gerätschaften gezeigt, mit denen die Mediziner seit Jahrhunderten versuchen, ihren Mitmenschen zu helfen.

Wer sich die alten chirurgischen Bestecke mit den Sägen, Messern, Scheren und Zangen anschaut, dem wird klar, dass die Versorgung Verletzter in früherer Zeit ein rustikales Handwerk war. Schon eher in Richtung Kunsthandwerk ging die Zahnkunde, davon zeugen die Instrumente der Technik und Hygiene. Unheimlich blicken einem in den Vitrinen die zahllosen künstlichen Augenmodelle an. Die Sammlung macht deutlich, dass die Augenheilkunde im 19. Jahrhundert einen ersten Boom erlebte. Im Zentralraum, dem »Theatrum anatomicum«, sollte man den Blick von den anatomischen Präparaten und den Sezierbestecken lösen und nach oben an die Decke richten: Das Fresko zeigt die medizinischen Wissenschaften. Die Apparate-Medizin findet ebenso ihren Platz: Brutschränke, Röntgengeräte, ein frühes EKG-Gerät, der Nachbau der ersten künstlichen Niere und eine »Eiserne Lunge« zeigen, dass Technik ihre Vorteile haben kann.

Zum Schluss geht es in den Hof. Der Heilpflanzengarten befreit angenehm vom ungewohnten Anblick der Exponate. Speziell für Blinde und Behinderte wurde der Duft- und Tastgarten angelegt.

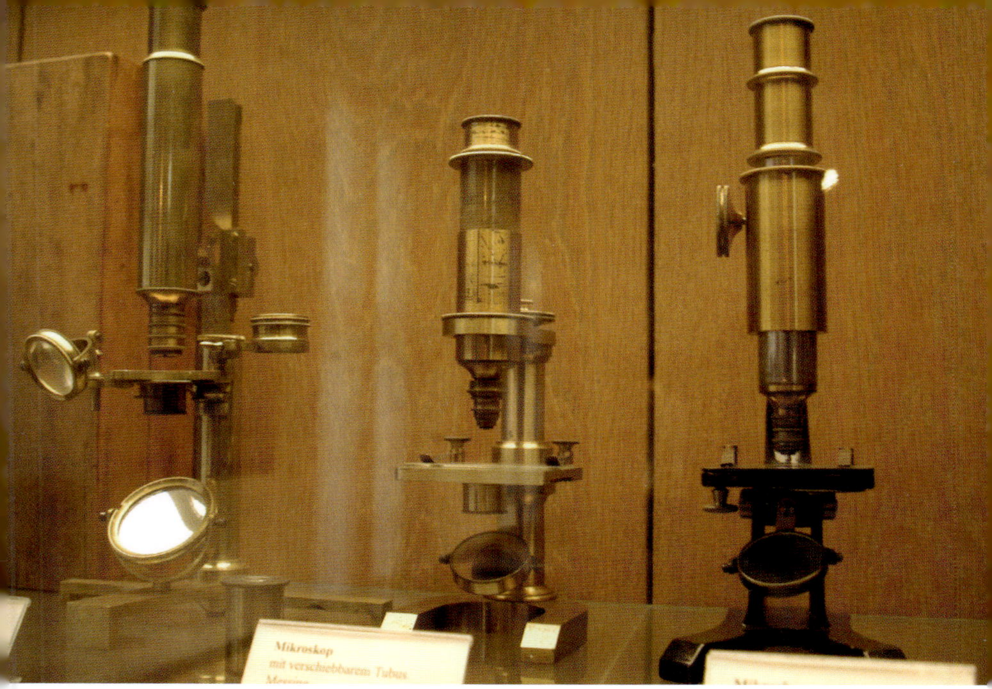

Adresse Anatomiestraße 18–20, 85049 Ingolstadt, www.dmm-ingolstadt.de | **Anreise** Autobahn A9, Ausfahrt Ingolstadt-Süd, Manchinger Straße in Richtung Zentrum. Links auf die Südliche Ringstraße, über die Glacisbrücke und rechts in die Schlosslände, links in die Jahnstraße. Das Auto am besten im Parkhaus am Hallenbad abstellen. Kurzer Fußweg zum Museum | **Öffnungszeiten** Di–So 10–17 Uhr | **In der Umgebung** Das Gasthaus Daniel an der Roseneckstraße ist Kult in Ingolstadt. Hier wurden schon 1471 die ersten Gäste bewirtet. Tipp: Weißwurstfrühstück im Biergarten.

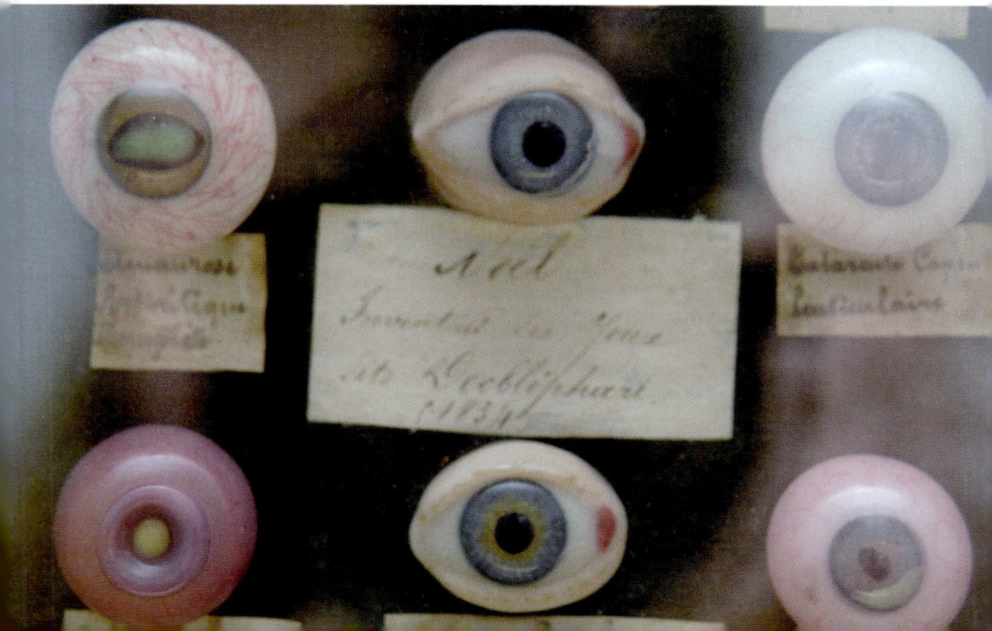

44 Das Audi Forum in Ingolstadt

Tiefer Blick auf die Autoproduktion

Als Autobauer muss man heutzutage seine rollenden Produkte gut präsentieren. VW hat in Wolfsburg die Autostadt, BMW in München sein nagelneues Zentrum, und Audi macht in Ingolstadt mit seinem Forum kräftig Werbung für sich. Der Besuch des »museum mobile« von Audi im voll verglasten Rundbau, der die Jahresringe eines Baums symbolisieren soll, ist ein Erlebnis für die ganze Familie. Historie, Technik, Gesellschaft: Gezeigt wird die ganze Bandbreite des Industriekonzerns, darüber hinaus dürfen natürlich Fahrzeugmodelle bewundert werden. Die Mobil-Schau ist aber viel mehr als ein reines Technikmuseum: Ein Besuch wird nicht nur zum Rundgang durch die gesamte Geschichte des Automobils, sondern auch zum faszinierenden Rückblick auf das 20. Jahrhundert mit seinen umwälzenden Veränderungen.

Vor allem wird die Leistung des August Horch gewürdigt, der Audi im Jahr 1909 in Zwickau aus der Taufe gehoben hatte. Nach Ende des Zweiten Weltkrieges wurde die Auto Union AG enteignet, und die Fabrikanlagen wurden von den Sowjets demontiert. Doch die Autobauer fingen in Bayern neu an. Ende 1945 wurde in der Garnisonsstadt Ingolstadt zunächst ein Depot für Ersatzteile eingerichtet, daraus entstand am 3. September 1949 mit der Auto Union GmbH eine neue Gesellschaft – die Tradition der vier Ringe wurde zunächst mit DKW-Zweitaktern fortgeführt.

Im Audi Forum wandelt man aber nicht nur durch die Geschichte. Besucher dürfen die Produktion hautnah erleben. Bei den Erlebnisführungen wird man aus nächster Nähe Zeuge, wie ein Auto der Premiumklasse entsteht. Im Presswerk spürt man die Druckkraft der Umformwerkzeuge, im Karosseriebau staunt der Besucher über das Ballett der Schweißroboter, und in der Lackiererei wird es einem schnell zu bunt. Höhepunkt ist eine »Hochzeit« – so sagen die Arbeiter, wenn in der Endmontage Antriebsplattform und Karosserie zusammengefügt werden.

Adresse Ettinger Straße, 85045 Ingolstadt, www.audi.de | Anreise Autobahn A9 München, Ausfahrt Lenting, Schildern »Audi Forum Ingolstadt« folgen. Parkplätze am Forum | Öffnungszeiten Mo–So, Feiertage 9–18 Uhr | In der Umgebung Einen guten Kontrast zum Hightech-Autobau bietet das Keltisch-Römische Museum in Manching. Südlich der Donau wurden eine keltische Stadt und ein römisches Kastell ausgegraben. www.museum-manching.de

45 Der Waldkletterpark in Jetzendorf

Spielplatz in 23 Metern Höhe

In Jetzendorf im südlichen Landkreis Pfaffenhofen geschehen seltsame Dinge im Wald. Menschen turnen in den Bäumen herum. Balancieren über Hängebrücken und klettern an Seilen entlang. Mächtige Eichen und Buchen als Abenteuerspielplatz für Erwachsene und Kinder gleichermaßen. Was ist das, was hier den Traum vom Baumhaus erfüllt? Die Lösung: Seit August 2008 wird in Jetzendorf nördlich von München der erste oberbayerische Waldkletterpark betrieben.

Insgesamt fast einen Kilometer lang sind die Strecken, die die Betreiber in den Bäumen installiert haben. Zehn Parcours schlängeln sich in einer Höhe von ein bis 15 Metern über Plattformen, Stege und Hängebrücken durch die idyllische Natur. Mehr als 70 Übungen gibt es: Das reicht vom Kinderparcours für die Kleinsten, wie der Bereich »Gelb«, wo »Swinging Walk« und »Charlie Chaplin« Laune machen, bis zur Erwachsenen-Tour »Braun« mit seinem »Net Swing« und »Base Jump« in schwindelerregenden zwölf Metern überm Boden. Der austrainierte Freizeitsportler freut sich sicherlich über die neueste Errungenschaft: Den 250 Meter langen Seilbahnparcours, mit 23 Metern über dem Boden Bayerns höchster seiner Art – nur für ganz Wagemutige ab 16 Jahren und mit mindestens 1,60 Metern Körpergröße ausgestattet. Mit seiner Vielfalt ist der Kletterpark gut geeignet für einen sportlichen Familienausflug.

Zehn Kubikmeter Holz an Plattformen, Stegen und Hängebrücken wurden verbaut und drei Kilometer Stahlseile gespannt. Die Plattformen sind mit Klemmvorrichtungen befestigt – die Bäume werden also nicht verletzt und auch nicht angebohrt, betonen die Betreiber. Außerdem wird nicht einfach so losgeklettert. Erst gibt es vom Trainer eine ausführliche Einweisung. Nur wer den Übungsparcours schafft, darf in die Bäume steigen. Sicherheitsgurt und Helm sind Pflicht und werden gestellt, aber feste Schuhe muss jeder selbst mitbringen.

Adresse 85305 Jetzendorf, www.waldkletterpark-oberbayern.de | **Anreise** Autobahn A9, Ausfahrt Allershausen, über Hohenkammer/Petershausen nach Jetzendorf, ab der Schrobenhausener Straße ist das Gelände ausgeschildert | **Öffnungszeiten** Ferienzeit Mo–So 10–19 Uhr, außerhalb der Ferien Mi–Fr 13–19 Uhr, Sa, So, Feiertage 10–19 Uhr | **In der Umgebung** Reinschnuppern in die Welt des Golfs kann man im Golfpark Gut Häusern bei Markt Indersdorf. Es gibt »Pay & Play« auf einem öffentlichen 6-Loch-Kurzplatz. www.golf-gh.de

46 Das Naturzentrum auf der Karwendelspitze

Der etwas andere Bergblick

Wer das Naturinfozentrum auf der Karwendelspitze in Mittenwald besucht, sollte schwindelfrei sein. Abenteuerlich klebt das hölzerne Riesen-Fernrohr neben der Bergstation der Seilbahn an der Felswand und ragt sieben Meter über den Abgrund. Aber zugegeben, der Blick durch die große Fensterfront senkrecht in die Tiefe ist phänomenal. 1.300 Meter geht es runter ins Isartal, in der Ferne ist die Zugspitze zu sehen.

Mit der Einrichtung hat Mittenwald eine Attraktion bekommen, die über die Geigenbauer hinausgeht. Zwei Millionen Euro wurden auf dem Plateau verbaut, fast die gesamten 1.000 Tonnen Material wurden von der Karwendelbahn hochgeschafft – was eine logistische Meisterleistung war. Nach nur 14 Monaten stand auf 2.244 Metern das höchste Naturinfozentrum in Deutschland, das am 23. Juli 2008 feierlich eröffnet wurde. In der Lärchenholz-Röhre wird auf 200 Quadratmetern Fläche in der Bergwelt-Ausstellung die Vielfalt im Karwendel gezeigt. Im Medienraum laufen Filme, und per Telefon erzählt ein Schafhirte, wie er sich mit seiner Herde in der alpinen Umwelt arrangiert. Denn das steinerne Gelände ist nicht so karg in Geologie, Flora und Fauna, wie es auf den ersten Blick erscheint. Am Röhreneingang zuckt der Besucher jedoch erst zusammen: Gewitter und Steinsturz ertönen aus dem Lautsprecher. Das macht deutlich, dass das Leben in den Bergen nicht nur abwechslungsreich, sondern gefährlich ist. Hoch oben in der machtvollen Natur existiert halt eine andere Welt mit Schneehühnern, Steinadlern, Gämsen und anderen Lebenskünstlern. Dass Bergbahn, Tourismus und Naturschutz bei achtvollem Umgang miteinander durchaus nebeneinander existieren können, sieht der aufmerksame Besucher in der Mulde hinter dem Fernrohr: Hier wohnen streng geschützte Alpenschneehühner.

Wer die Bergwelt selbst erfahren will: Direkt am Riesen-Fernrohr starten die Wanderwege durch eine Steinwüste, die gar nicht mal so wüst ist.

Adresse 82481 Mittenwald, www.alpenwelt-karwendel.de und www.karwendelbahn.de | **Anreise** Autobahn A95, Ende Eschenlohe bis Garmisch-Partenkirchen, B2 Richtung Mittenwald, Ausfahrt Karwendelbahn (Talstation ausgeschildert) | **Öffnungszeiten** Fahrtzeiten Bahn Mo–So 9–17 Uhr (Winter bis 16 Uhr). Eintritt ins Infozentrum frei | **In der Umgebung** Auf dem 1,6 Kilometer langen Barfuß-Wanderweg am Hohen Kranzberg lässt sich die Natur hautnah erspüren. 24 Erlebnisstationen und ein neues Wasserspiel gibt es.

47 Das Crescentiakloster Kaufbeuren

Die Heilige lächelt von der Fassade

Wem zu Ehren die Franziskanerinnen da mitten in Kaufbeuren ihr Kloster betreiben, ist deutlich an der Außenwand zu sehen. Wenn man sich über die Straße Am breiten Bach nähert, prangt dort an der Fassade ein überlebensgroßes Kopfbild der heiligen Crescentia (1682–1744). Das Crescentiakloster ist Stätte der Ruhe abseits des städtischen Trubels und ein besonders religiöser Ort zugleich. Die Verehrung der wohltätigen Crescentia hat hier ihren Höhepunkt. Crescentia wurde im Jahr 2001 vom Papst heiliggesprochen – als erste Deutsche im 3. Jahrtausend. Im Kaufbeurener Kloster wird mit einer Gedenkstätte und einem Reliquienschrein in der Klosterkirche an die einstige Mitschwester und Oberin erinnert.

Die Heilige hieß eigentlich Anna Höß und war Tochter eines bettelarmen Webers. Ihr Geburtshaus steht nur ein paar Meter vom Kloster entfernt an der Neuen Gasse 15, heute ist dort ein Lederwarengeschäft. Obwohl sie kein Geld mitbrachte, wurde Anna Höß von den Franziskanerinnen aufgenommen. Aus ihr wurde Schwester Crescentia und später, dank ihrer vielen wohltätigen Taten, die am meisten verehrte Heilige in der Region. Bis heute bitten die Menschen Crescentia um Hilfe und Rat, wallfahren zu Tausenden zu ihrem Grab in der kleinen Klosterkirche. Im ersten Stock des Klosters gibt es sogar noch ihre einfache Zelle. So wie der Raum mit den alten Möbeln hat noch etwas aus Crescentias Tagen überdauert: die Armenspeisung an der Klosterpforte. Täglich und kostenlos. Und die Feuerwehr schwört auf die Heilige als Schutzpatronin: Solange Kaufbeuren an Crescentia glaubt, wird nie wieder ein Haus brennen, heißt es. Im Zweiten Weltkrieg zogen plötzlich Wolken auf und verdeckten den anfliegenden Bombern auf wundersame Weise die Sicht. Die Stadt mit ihrem mittelalterlichen Ensemble blieb verschont.

Adresse Obstmarkt 5, 87600 Kaufbeuren, www.crescentiakloster.de | **Anreise** Autobahn A96, Ausfahrt Jengen, B12 nach Kaufbeuren, Richtung Altstadt. Parken im Parkhaus Central am Graben. Zu Fuß über die Kaiser-Max-Straße, rechts in die Straße Am breiten Bach zum Kloster | **Öffnungszeiten** Mo–Fr 8–11.30 Uhr und 13–17 Uhr, Sa 8–11.30 Uhr und 13–16 Uhr, So 11–16.30 Uhr. Führungen durch die Gedenkstätte Mi und 1./4. Sa ab 15 Uhr | **In der Umgebung** Helmut Kohl und Franz Josef Strauß tief in die Augen schauen. Dies geht im Puppentheater-Museum Kaufbeuren im Spielbergerhof. www.puppenspielverein.de

48 Die Ruine Haltenberg bei Kaufering

Die einzige Burg im Lechrain

Wer am östlichen Lechufer auf der Straße von Scheuring in Richtung Kaufering durch das Westerholz fährt, sieht ihn rechter Hand plötzlich über die Baumwipfel ragen: den Bergfried der Ruine Haltenberg. Sie ist nicht leicht zu finden, lediglich ein kleines Holzschild weist den Weg durch eine lang gezogene Allee hin zum Burgplatz am Steilufer des Flusses. Es war eine staatliche Anlage, die über den Lech wachte. Der Bergfried und die Kapelle St. Erasmus sind als Einziges übrig geblieben und stammen aus der Gründungszeit der Burg Mitte des 13. Jahrhunderts, vom Herrschaftsgebäude und der Mauer stehen Reste.

Im 14. Jahrhundert hatten die von Haltenberg hohe Ämter unter Ludwig dem Bayern inne, es folgte 1415–1612 eine Ära der Familie Rehlinger, dann gingen Schloss und Gut an Herzog Maximilian von Bayern. 1.900 Gulden musste er berappen, und die Anlage wurde ein kurfürstliches Jagdschloss. 1802 wurde es abgebrochen.

Ein Besuch lohnt sich nicht nur wegen des Blicks vom begehbaren Bergfried – schließlich ist Haltenberg die einzige Burgruine zwischen Füssen und Donauwörth.

Überhaupt ist das Westerholz ein uraltes Siedlungsgebiet von der Jungstein- über Bronze-, Hallstatt- bis La-Tène-Zeit. Die Römer dürfen nicht fehlen und die Alemannen und Bajuwaren erst recht nicht. Der Lech war eine wichtige natürliche Grenze, was auch an den bajuwarischen Ortsnamen ersichtlich ist. Die Dörfer westlich des Flusses enden auf »ingen«, im Osten auf »ing«. Geschichte wird hier lebendig: Zwei Kilometer südlich der Burg sind auf dem Lechhochufer zwei mittelalterliche Schanzen zu erkennen. Wer weiter durch das Westerholz radelt, macht einen Zeitsprung bis 1686. Da entstand nämlich die malerische Holzkapelle mitten im Wald. Kleiner Namenstrick: Das Gotteshaus ist nicht etwa aus Baumstämmen gebaut, sondern liegt am Rande des Holzes und war Bittstätte für die Forstarbeiter.

Adresse Haltenberg 1, 86937 Scheuring. www.ammerseelech.de | **Anreise** Autobahn A96, Abfahrt Landsberg-Nord, B17 Richtung Augsburg, Abfahrt Klosterlechfeld, rechts in Richtung Geltendorf, 500 Meter hinter der Lechbrücke rechts auf die Straße nach Kaufering. Nach einem Kilometer geht rechts die Allee zur Ruine weg | **Öffnungszeiten** Sa, So, Feiertage 15–18 Uhr | **In der Umgebung** In Pestenacker liegt eine der bedeutendsten Ausgrabungen Süddeutschlands. Gefunden wurde im Moorboden eine 5500 Jahre alte Steinzeitsiedlung. Die Anlage ist frei begehbar. www.gemeinde-weil.de

49 Die Befreiungshalle in Kelheim

Antike Vorlieben eines Königs

Schuld ist der Bayernkönig Ludwig I.: Der Monarch war derart begeistert von Griechenland und dessen antiken Bauten, und außerdem erinnerte ihn die Gegend um Kelheim an Hellas. Also ließ er die monumentale Befreiungshalle im klassizistisch-antiken Stil auf die Anhöhe hoch über der Donau setzen. 1863 war das Monumentalwerk fertig. Kelheim, die einstige Handelsstadt am Zusammenfluss von Donau und Altmühl, hatte auf dem Michelsberg ihr Wahrzeichen.

Die Gedenkstätte sollte an die Siege gegen Napoleon in den Befreiungskriegen erinnern. Begonnen wurden die Arbeiten von Friedrich Gärtner, vollendet von Leo von Klenze. Wichtig war dem Architekten die Zahl 18: So viele Statuen krönen die Pfeiler der Außenfassade, außerdem steht die Zahl für den 18. Oktober 1813, den Tag, an dem sich Napoleon bei der Leipziger Völkerschlacht eine blutige Nase holte. Im Innenraum reichen sich 34 Siegesgöttinnen aus weißem Carrara-Marmor die Hände, die 3,30 Meter hohen Figuren stützen 17 vergoldete Schilde aus der Bronze eingeschmolzener Geschütze. Doch die neue Attraktion brachte nicht die insgeheim von den Kelheimern erhofften Besuchermassen.

Kelheim bietet allerlei historische Gebäude in seiner Altstadt. Aber wer was anderes als alte Häuser sehen will, marschiert zu einem Grundstück zwischen dem heutigen Landratsamt und der Post am Donauufer: Hier ragen Grundmauern aus dem Boden, es sind die erst 1990 wiederentdeckten Reste der sagenumwobenen Kirche beim hl. Blut. Moderneren Datums ist die Fußgängerbrücke am Torhausplatz: Beim Ausbau der Altmühl im Zuge des 1992 eröffneten Main-Donau-Kanals zur Bundeswasserstraße musste die frühere Altmühltorbrücke einem neuen Übergang für die Passanten weichen. Die 57 Meter lange geschwungene Hängebrücke mit zwei Pylonen hat schon einen Architekturpreis eingeheimst.

Adresse Befreiungshallestraße, 93309 Kelheim, www.kelheim.de | Anreise Autobahn A9, Dreieck Holledau, A93, Ausfahrt Hausen, der Straße folgen bis auf die Regensburger Straße und über die Donaubrücke. Parken bei den Schiffsanlegstellen und Fußmarsch hoch zur Halle. Oder weiterfahren über Bahnhofstraße, links in die Hienheimer Straße und links in die Befreiungshallestraße. Parkplatz fünf Minuten von der Halle entfernt | Öffnungszeiten 19. März–Okt. täglich 9–18 Uhr, Nov.–18. März täglich 9–16 Uhr. Keine Führungen | In der Umgebung Mit dem Schiff geht es gemütlich zum atemberaubenden Donaudurchbruch bei Weltenberg. Die Fahrt dauert etwa 40 Minuten. www.schifffahrt-kelheim.de

50 Der Wachtl-Express in Kiefersfelden

Schmalspurbahn rüber nach Tirol

Deutschlands älteste private Schmalspurbahn, die zwischen zwei Ländern verkehrt, fährt in Kiefersfelden. Der Wachtl-Express wurde 1880 in Betrieb genommen und führte rüber nach Tirol. Allerdings liefen die Züge lange Zeit ausschließlich zum Gütertransport: Die fünf Kilometer lange Strecke diente dazu, Kalkstein aus dem Steinbruch in Wachtl zur Weiterverarbeitung zum Zementwerk nach Kiefersfelden zu bringen. Dies erledigt die Wachtl-Bahn heute noch werktags, aber seit 1990 gibt es auch eine Personenbeförderung.

Verantwortlich dafür sind enthusiastische Eisenbahnfreunde, die sich zu einem Verein zusammengeschlossen haben und die Touren mit einer E-Lok samt Waggons in Eigenregie organisieren. Die Fahrt auf nur 900 Millimetern Spurbreite ist zwar kurz, aber eindrucksvoll in dieser wilden Berglandschaft. Nach 20 Minuten rollt der Mini-Zug vom »Hauptbahnhof« am Siedlerweg in Kiefersfelden kommend an der Haltestelle in Wachtl vor.

Die etwas andere Verkehrsverbindung ist ein guter Zubringer für einen ausgedehnten Freizeittag in der Natur: Auf der 6,1 Kilometer langen Strecke entlang von Kieferbach, Klausenbach und der Thierseer Ache geht es durch ein großes Wandergebiet, das von den Oberaudorfer Almen und der Gießenbachklamm in Bayern bis zum Tiroler Seengebiet zwischen Hechtsee und Thiersee reicht.

Der Zug ist wirklich historisch: Die drei Personenwagen baute MAN im Jahr 1912 für die Wendelsteinbahn, 1991 kamen sie nach Kiefersfelden. Von dem Modell wurden nur acht Stück hergestellt. Vorn zieht ein »Krokodil« – so lautet der Spitzname der mit 1.200 Volt Gleichstrom fahrenden Elektrolok. Die kräftigen Maschinen wurden 1927/1928 von BBC in Mannheim gebaut und gelten als die ältesten noch im Streckeneinsatz befindlichen vierachsigen Elektrolokomotiven der Welt. Guter Service: Fahrräder und Kinderwagen dürfen kostenlos mit.

Adresse 83088 Kiefersfelden, www.wachtl-bahn.de und www.kiefersfelden.de | **Anreise** Autobahn A8, Inntaldreieck A93 nach Kiefersfelden, Ausfahrt Kiefersfelden, Zubringer Richtung Zentrum, links auf die B171, 2. links in den Siedlerweg. Parkplätze am Bahnhalt. | **Öffnungszeiten** Fahrten Juli–Okt. an den Wochenenden. Abfahrt Kiefersfelden 12.20, 14.20 und 16.20 Uhr, Abfahrt Wachtl 13.10, 15.10 und 17.10 Uhr | **In der Umgebung** Im ältesten Volkstheater Deutschlands in Kiefersfelden wird seit 1618 Altbairisches und Tiroler Volkstheater auf die Bühne gebracht. Das jetzige Theaterhaus wurde 1833 gebaut, die barocke Bühne ist die einzige ihrer Art in Deutschland. www.ritterschauspiele-kiefersfelden.de

51 Der Mittelpunkt in Kipfenberg

Richtig drin im Freistaat

Dass sich die Bayern, wenn's ums Bier geht, immer für den Nabel der Welt halten, ist ja kein Geheimnis. Aber dass der Freistaat einen geografischen Mittelpunkt hat, gehört mehr in den Bereich des Unbekannten. Dieser liegt in Kipfenberg an der Altmühl. Den steilen Weg bei der Burg geht es runter, und dann steht er da mitten im malerischen Buchenmischwald am Straßenrand, ein 1980 aufgestellter Findling, verziert mit einer Metalltafel. Mittlerweile hat er eine Überdachung aus Jurasteinen bekommen, sozusagen als Eingangstor zur Mitte. 1979 hatte das Landesvermessungsamt den Freistaat genau unter die Lupe genommen. Als Ergebnis wurde die Waldlichtung bei Kipfenberg zum weiß-blauen Mittelpunkt gekürt.

An Kipfenberg kamen auch die Römer nicht vorbei. Sie bauten im 2. Jahrhundert n. Chr. in der Gegend ihren obergermanisch-rätischen Limes Gut erhaltene Abschnitte des 500 Kilometer langen Grenzzauns liegen auf dem Gebiet von Kipfenberg, das bereits 1266 erstmals in einer Urkunde erwähnt wurde. Und so haben sich Kipfenberger einen römischen Holzwachturm nachgebaut. Derart lebendig wird Geschichte zudem im Römer- und Bajuwarenmuseum, das nur 15 Minuten zu Fuß vom Mittelpunkt entfernt liegt. Die Einrichtung erzählt anschaulich vom Limes, von Römern und wilden Einheimischen. Es gibt viele Aktionen für Kinder, und seit Juli 2006 findet sich im Haus der Infopoint Limes, ein Leitsystem zu den Überresten im Naturpark Altmühltal. Ganz Sportliche können sich auf den neuen Limes-Radweg machen, der mit einem Teilstück von Kipfenberg nach Pfahldorf und Hirnstetten führt.

Kleiner Tipp: Die Buchen rund um den Gedenkstein sollte man sich näher anschauen. Die 150 Jahre alten Bäume gehören zu den besten Holzlieferanten, die Bayern zu bieten hat, und erzielen stets Höchstpreise.

Adresse Burg, 85110 Kipfenberg, www.bajuwaren-kipfenberg.de | **Anreise** Autobahn A9, Ausfahrt Denkendorf, Schildern »Infopoint Limes« folgen. Achtung: steile Straße. Parkplatz am Mittelpunkt. 15 Minuten Fußmarsch zum Museum | **Öffnungszeiten** Der Stein ist frei zugänglich. Museum April, Mai, Sept., Okt. Mo–So 10–16 Uhr, Juni–Aug. Mo–So 10–18 Uhr (Fr bis 22 Uhr), Nov.–März Sa, So, Feiertage 10–16 Uhr | **In der Umgebung** Auf dem Altmühltal-Panoramaweg kann man genussvoll wandern. Insgesamt sind es 200 Kilometer Strecke von Gunzenhausen bis Kelheim. In der Nähe von Eichstätt locken die »Zwölf Apostel« – steile, weiß leuchtende Dolomitfelsen. www.naturpark-altmuehltal.de

52 Der Römerturm in Kleinkemnat

Theaterbühne und Aussichtsplatz zugleich

Der Römerturm in Kleinkemnat sorgt mächtig für Verwirrung. Denn trotz seines Namens stammt das massive Gebäude, das sich in dem Weiler westlich von Kaufbeuren erhebt, nicht aus der Zeit der sandalenbewehrten Eroberer. Der Turm ist vielmehr der letzte sichtbare Rest einer ehemaligen Burg. 1188 wurde sie von den Herren von Apfeltrang erbaut, die hatten aber nur rund 100 Jahre lang das Sagen. Es kamen wechselnde Besitzer, und 1551 erwarb das Stift Kempten die Burg. Mit der Säkularisation kam der Abriss, lediglich der Burgfried blieb stehen. Schon 1838 begann der Historische Verein Schwaben mit der Sanierung, und heute ist die ehemalige Burganlage im Besitz der Stadt Kaufbeuren, die daraus einen Freizeitplatz gemacht hat. Beliebt ist das Gelände bei Radfahrern und Wanderern als Rastplatz, Kinder können dort wunderbar spielen, eine kleine Gastschenke sorgt für Brotzeiten. Seit 1988 werden hier von einem Theaterverein sporadisch historische Freilichtspiele und Stücke im Theaterstadel unterhalb des Turms aufgeführt. Wer sich die 91 Stufen auf den Römerturm heraufgekämpft hat, wird oben mit einem grandiosen Alpenpanorama belohnt.

An Kleinkemnat führt die Via Aqua vorbei. Das ist ein sieben Kilometer langer Lehrpfad, der in Oberbeuren am Gasthaus »Skihütte« beginnt und die Wasserversorgung von Kaufbeuren beleuchtet. Wie kommt das Trinkwasser in die Häuser? Wie war das 1895 mit der ersten gusseisernen Rohrleitung? Auf den gut gemachten Schautafeln werden Grundwasser, Bedeutung des Waldes, Feuchtbiotope und eiszeitliche Entwicklung erklärt. Das Wasser spielte auf der Hochebene im Westen der Stadt wegen seiner zahlreichen Quellen immer eine große Rolle.

Kleinkemnat aber verwirrt noch einmal. Nebenan liegt Großkemnat – doch schon wieder täuscht der Name: Kleinkemnat hat mit 300 Seelen mehr Einwohner.

Adresse Am Schlossfeld, 87600 Kaufbeuren-Kemnat, www.kaufbeuren.de | **Anreise** Autobahn A96, Ausfahrt Jengen, B12 nach Kaufbeuren, vor der Altstadt rechts auf die Kemptener Straße nach Obergünzburg, hinter der Stadt geht es rechts nach Großkemnat. Parkplätze außerhalb der Burganlage | **Öffnungszeiten** Der Turm ist ganztägig zugänglich | **In der Umgebung** Nicht erschrecken, in den beiden Kemnats können einem Lamas begegnen. In der Nähe ist ein Lamahof mit Zucht und Wollprodukten. www.pichincha-llamas.de

53 Die Hängebrücke am Klobenstein

Auf den Spuren der Schmuggler

Zwei Möglichkeiten des Geldverdienens gab es einst im Gebirge zwischen dem bayerischen Schleching und dem Tiroler Kössen: Man war Grenzer oder Schmuggler. Die Zöllner hatten am Klobensteinpass wenig zu lachen, die illegalen Händler jedoch konnten sich der Sympathie der Bevölkerung gewiss sein. Auf verschlungenen Pfaden wurden vor allem nach den beiden Weltkriegen Tabak, Käse, Stoffe, gar ganze Viehherden über den Berg und durch die Schlucht der Tiroler Ache gebracht.

Den besten Eindruck von den Touren der listigen Gesellen bekommt man auf dem Schmuggler-Rundweg. Start ist in Wagrain, dann geht es zwölf Kilometer nach Süden immer den Pfeilen mit dem Symbol eines Samers (Lastenträgers) nach. Höhepunkt ist die Entenlochklamm über den Durchbruch der Ache. Am »Antenloch«, wie es die Einheimischen nennen, braucht es gute Nerven: Tief hat sich der Fluss ins Gestein gegraben, über die recht breite Klamm führt nur eine Hängebrücke. Am Rand geht ein Stieg hinab zum Fluss, großzügig wird der Fleck »Strand« genannt.

Am gegenüberliegenden Ufer liegt Klobenstein. Zwischen der Wallfahrtskirche Maria Klobenstein und dem dazugehörigen Wirtshaus steht der »geklobene Stein«, um den sich eine Legende rankt: Eigentlich stürzte der Klumpen ganz banal in der letzten Eiszeit hinab; aber erzählt wird sich, dass ein altes Mütterlein von dem Felssturz bedroht wurde. Sie rief die Muttergottes um Hilfe, und der Stein zerbrach direkt vor ihr wie durch ein Wunder in zwei Teile. Die Dame ward gerettet!

Geschmuggelt wird am Klobensteinpass nicht mehr, aber ihre Listigkeit haben sich die Bewohner beidseitig der Landesgrenze bewahrt. So wie 1933: Die unseligen braunen Machthaber hatten die Grenze zu Österreich dichtgemacht, Skifahrer und Sommerfrischler mussten ein teures Touristenvisum kaufen. Aber bis zur Grenze gehen war erlaubt – also stellte der Klobensteinwirt die Bierbänke genau auf die Markierung. Das Geschäft brummte.

Adresse 83259 Schleching, www.schleching.de | **Anreise** Autobahn A8, Ausfahrt Bernau, B305 nach Marquartstein, B307 nach Schleching/Wagrain, in Wagrain Parkplätze am alten Zollamt. Dem Schmuggler-Rundweg über die Ache-Brücke nach Ettenhausen folgen und weiter Richtung Klobenstein zurück nach Wagrain. Rund vier Stunden Gehzeit | **In der Umgebung** Ideal für Kinder ist der Märchenpark in Marquartstein. Eine Sommerrodelbahn, Wasserspiele und Tierfütterung sorgen für Abwechslung. www.maerchenpark.de

54 Der Infopfad in Königsdorf

Geschichte, Gesellschaft und Industrie im Tölzer Land

Königsdorf an der Straße von Geretsried nach Penzberg ist ein schmucker Ort. Oberbayern, wie man es sich vorstellt. Bauernhäuser, Blumen vorm Fenster, viel Grün und eine Kirche, deren gotischer Kern aus Tuffstein gebaut wurde. Die Hauptstraße war einst Teil eines wichtigen Pilgerwegs nach Rom. Königsdorf, 778 als »Chumiztorf« erstmals erwähnt, hat noch etwas: einen Geschichtspfad, der einmalig ist im Tölzer Land. Initiiert von einem Geschichtslehrer wurden rund 30 Infotafeln aufgestellt, die Häuser, Naturphänomene und Sozialgeschichte beschreiben. Dass die Wege allesamt asphaltiert sind, macht einen Rundgang für Familien mit Kinderwagen und Radfahrer interessant.

Gestartet wird im Dorfzentrum an der Pfarrkirche St. Laurentius, die mit zarten Stuckaturen und Fresken aufwartet. Gleich nebenan steht das schöne »Walseranwesen«, ein Stück Industriegeschichte gibt es an der Station sechs im ehemaligen Tuffsteinbruch an der Beuerberger Straße. Und im Ortsteil Osterhofen an der Dorfstraße wird beim ehemaligen »Bartewirt« jüngere deutsche Geschichte bedrückend lebendig: Das legendäre Gasthaus musste zum Ende des Zweiten Weltkriegs aufgegeben werden, weil alle drei Söhne eingezogen worden waren. Das ist das Gute an dem Geschichtspfad: Es wird nicht nur oberbayerische Idylle verbreitet, sondern auch Kritisches gelehrt. Und davon gab es in diesem schönen Teil des Tölzer Lands durchaus genug. Wer über die Rottachbrücke in Richtung Rothmühl wandert oder radelt, kommt zum Hochland – eine Jugendsiedlung nebst Bildungswerk, das als HJ-Lager eine düstere braune Vergangenheit hatte. Hier wurden nach dem Krieg Juden vor ihrer Weiterreise nach Israel untergebracht. Auf dem Gelände bildete sogar die jüdische Untergrundorganisation Hagana ihre Offiziere für den Kampf zu Hause gegen die britischen Machthaber aus. Seit den 1950er Jahren aber wird im Hochland friedlich Jugendarbeit betrieben.

Adresse 82549 Königsdorf, www.gemeinde-koenigsdorf.de | Anreise Autobahn A95, Ausfahrt Seeshaupt, über Beuerberg nach Königsdorf. Parkplätze an der Hauptstraße | In der Umgebung Mit 41 Schikanen, 17 Steilkurven und fast 1.300 Metern Länge ist die Sommerrodelbahn am Blomberg eine der längsten in Europa. Der 1.348 Meter hohe Aussichtsberg ist bequem mit der Seilbahn zu erklimmen. www.blombergbahn.de

55 Das Rennbob-Taxi vom Königssee

Mit Tempo 120 durch den Eiskanal

Kurz nach dem Start wird es ernst. Die »Schlangengrube« taucht auf. Vier Kurven hintereinander. Links, rechts, links, rechts. Mit Tempo 100 geht es auf die lange Gerade. Dann ragt mitten in der Eisbahn am Königssee eine weiße Wand auf. Die »Jennerkurve« bringt den Bob in das »Turbodrom«. In sechs Sekunden jagt das Geschoss durch den Kreisel, dann folgen »Labyrinth«, »Kehlsteinkurve« und »Seekurve«. Die »Echowand« hört sich harmlos an, aber bei 120 Stundenkilometern in der Senkrechten und dem sechsfachen Andruck des eigenen Körpergewichtes hängt der Kopf wie fest zementiert zwischen den Knien und lässt sich nicht mehr hochheben. Dann kommt das Ziel. Der Bob bleibt stehen, und man steigt mit zittrigen Knien aus. Adrenalinkick pur!

Besucher können die berühmte Königsseebahn hautnah erleben: als Copilot im Rennbob-Taxi. Im Originalschlitten geht es auf der Weltcup- und Weltmeisterstrecke durch den 1.200 Meter langen Eiskanal am Fuße des Watzmanns. Die Piloten sind alles Bobfahrer mit internationaler Rennerfahrung. Bedingung für den Besucher ist allerdings, dass er körperlich fit ist.

Mit Rodel und Bob haben sie es im Berchtesgadener Umland schon immer gehabt. Bereits im Jahr 1885 wurde für die Wintergäste eine Schlittenabfahrt vom Obersalzberg organisiert. Danach ging es auf die Bergstraße, bis die zunehmende Zahl der Autos die Rodler vertrieb. Die Einheimischen kamen auf eine tolle Idee: Wir bauen eine eigene Bahn, sagten sich die Mitglieder des WSV Königssee und errichteten 1959 einen Rodelkanal. 18 Kurven gab es auf der 1.100 Meter langen Strecke. 1968 wurde am Königssee die erste Kunsteisbahn der Welt gebaut; die 1.300 Meter, 17 Kurven und das maximale Gefälle von 14 Prozent gelten als eine der anspruchsvollsten Strecken im Weltcup. Selbst so mancher Profi hat in der »Echowand« ein mulmiges Gefühl.

Adresse An der Seeklause 43–45, 83471 Schönau am Königssee, www.rennbob-taxi.de und www.kunsteisbahn-koenigssee.de | **Anreise** Autobahn A8, Ausfahrt Traunstein/Siegsdorf, B306 bis Inzell und dann B305 bis Berchtesgaden (Königssee ausgeschildert). Autobahn A8, Ausfahrt Bad Reichenhall, in Bad Reichenhall auf die B20 bis Berchtesgaden. Parkplatz zehn Minuten vom See entfernt | **Öffnungszeiten** Fahrtzeiten Okt.–März | **In der Umgebung** Der Zauberwald in Ramsau. Hier ist durch einen Felssturz ein urwüchsiger Bergwald entstanden. Am Hintersee startet ein romantischer Wanderweg durch den Wald. Es gibt einen 1,5 Kilometer langen Naturlehrpfad.

56 Der Schlupfaltar in Koppenwall

Ein uralter Brauch gegen Kreuzschmerzen

Koppenwall groß zu nennen wäre vermessen. Wer die kleine Straße zwischen Pfeffenhausen und Mainburg unweit der Großen Laaber entlangfährt, kommt durch den Weiler. 20 Anwesen mit rund 100 Seelen, das war es. Dafür aber gibt es den Koppenberg und die Wallfahrtskirche St. Korona. Um Ersteren rankt sich die Sage von den Raubrittern, welche auf dem Hügel wohnten und die Bauern auspressten – bis ihr schönes Schloss eines Nachts während eines ruchlosen Festmahls bei Blitz und Donner von der Erde verschlungen wurde. Die ritterliche Schatztruhe wurde bis heute nicht gefunden.

Wesentlich gesünder war dagegen der Brauch, der in der 1450 erbauten spätgotischen Filialkirche St. Korona, Patronin bei Geldangelegenheiten, Aberglauben und Glücksspiel, gepflegt wurde: Durch den Schlupfaltar aus dem 15. Jahrhundert krochen die Gläubigen, um sich von Kreuzschmerzen zu heilen oder vor derartigen Unannehmlichkeiten zu schützen. Vor allem die Hallertauer Hopfenzupfer nutzten den heilenden Service, denn sie brauchten für ihre mühsame Arbeit in den Stauden ein kräftiges Rückgrat. Das »Bögeln« war ein beliebter Brauch und wurde schon fleißig von den heidnischen Vorfahren der Koppenwaller (und natürlich auch andernorts) betrieben. Mensch und Vieh schlüpften durch enge Öffnungen, um lästige Krankheiten abzustreifen. Es wurden Megalithgräber aus dem 3. Jahrtausend v. Chr. gefunden, die mit einem Lochstein versehen waren. Karl der Große schwor auf den Schlupf und ließ sich eine Öffnung in seinen Aachener Kaiserthron meißeln.

Die Kirche St. Korona wurde im Dreißigjährigen Krieg geplündert und ab 1725 im Barockstil erneuert. Der Altarraum mit dem Durchschlupf wurde beibehalten. Man weiß ja nie, wozu das »Bögeln« gut ist. Auch der Altar trägt in diesem geheimnisvollen Koppenwall ein Geheimnis: Angeblich wurde in ihm ein Ledersäckchen mit Reliquien der heiligen Korona eingemauert.

Adresse 84076 Koppenwall, www.pfeffenhausen.de | **Anreise** Autobahn A93, Dreieck Holledau-Regensburg, Ausfahrt Aiglsbach, Richtung Attenhofen/Pfeffenhausen. Parkplätze bei der Kirche | **In der Umgebung** Im ersten niederbayerischen Radiomuseum in Rottenburg an der Laaber gibt es buchstäblich was auf die Ohren. Rund 250 Geräte zeigen die Geschichte des Radios. www.markt-pfeffenhausen.de.

57 Das Landesarboretum im Kranzberger Forst

Die ganze Welt des Waldes auf 80 Hektar

Westlich von Freising, im Zipfel zwischen den Autobahnen A9 und A92, sieht man den Wald vor lauter Bäumen nicht: Im Kranzberger Forst findet sich das einzige Landesarboretum in Bayern. Hier lässt der Freistaat über seine Staatsforsten seit Anfang der 1980er Jahre auf rund 80 Hektar Fläche einen Wald aus bis zu 500 Baum- und Straucharten aus Europa, Nordamerika und Asien anpflanzen. Der Besucher findet hier Ulmen, Eichen und Buchen genauso wie Mammutbäume und japanische Sicheltannen. Die ältesten Bäume sind gute 100 Jahre alt und bereits bis zu 40 Meter hoch.

Der Kranzberger Forst galt schon immer als etwas Besonderes: Einst war er der Wald des Weihenstephaner Klosters und Heimstätte des verschwundenen Dorfs Oberberghausen. Vom Weiler, den seine Bewohner verließen, weil der Boden sie nicht ernähren konnte, blieb nur das Kirchlein übrig.

Als am 26. Juli 2000 das Arboretum eröffnet wurde, hatte der Großraum München gleich zwei Dinge auf einmal bekommen: eine praktische Lehranstalt für die nahe Hochschule in Weihenstephan und ein grünes Naherholungsgebiet. Am Eingang steht ein sechseckiger Infopavillon, und am besten lässt sich das Areal auf den jeweils drei Kilometer langen Rundwegen erkunden. Sehr gut gemacht ist der 1,2 Kilometer lange einzigartige Erlebnispfad für Blinde und Sehbehinderte: Sie können sich dank der auf dem Boden verlegten Pflastersteine und eigens gespannten Kordeln und Leitplanken am Weg entlang zu den 16 Stationen tasten. Hilfreich ist die Extra-Infobroschüre mit Punktschrift, die es im Pavillon gibt.

Man sollte sich aber auch Zeit für die Waldkirche nehmen: St. Clement ist romanischen Ursprungs, im Inneren sind Reste von gotischen Fresken zu sehen. Interessant ist der Friedhof: 28 schmiedeeiserne Grabkreuze erzählen die Geschichte von Oberberghausen, dessen vier Häuser 1883 abgerissen wurden.

Adresse 85354 Freising | Anreise Über die Staatsstraße 2084 von Freising in Richtung Allershausen, links in den Kranzberger Forst, vom Parkplatz 200 Meter zur Waldkapelle. Von Freising geht ein rund drei Kilometer langer Wanderweg | Öffnungszeiten Die Anlage ist frei zugänglich | In der Umgebung In Anglberg bei Zolling lässt es sich entspannt am Badesee vom Forstausflug erholen. Am aufgefüllten Kiesweiher gibt es viel Platz auf den Liegewiesen.

58 Das Gefängnis in Landsberg

Die Haftanstalt, die durch Hitler berühmt wurde

Landsberg am Lech ist eine wunderschöne Stadt mit prächtigen Bürgerhäusern in der Altstadt. Reich geworden im Mittelalter durch den Salzhandel. Die Hauptattraktionen sind das Rathaus und das 1425 gebaute Bayertor als mächtiges Stück Stadtmauer. Doch Landsberg ist durch eine Festungshaft bekannt: 264 Tage, die Adolf Hitler 1923/24 nach seinem Putsch im Gefängnis am Hindenburgring verbringen musste. Dort schrieb er »Mein Kampf« und plante mit 30 anderen einsitzenden Nazis wie Rudolf Heß und Julius Streicher weitere Aktionen.

Das Gefängnis ist heute eine Justizvollzugsanstalt. Sie wurde im Lauf der Jahre modernisiert, aber die Grundzüge der 1904–1908 für 2,5 Millionen Goldmark errichteten Anlage stehen noch. Nach dem Ersten Weltkrieg wurde eine Abteilung für Festungs- und Schutzhaft eingerichtet – erster Insasse ist Graf Arco auf Valley, der 1919 den bayerischen Ministerpräsidenten Kurt Eisner erschossen hatte. Nach dem Zweiten Weltkrieg übernehmen die US-Truppen das Gefängnis und schließen Kriegsverbrecher ein. Bis Juni 1951 werden 308 Verurteilte in Landsberg trotz der Proteste aus Bevölkerung und Politik hingerichtet. 1958 geben die Amerikaner das Gefängnis an Bayern zurück. Heute ist die JVA Landsberg mit ihren 674 Plätzen zuständig für Verurteilte aus dem Oberlandesgerichtsbezirk München, dem Landgerichtsbezirk München II sowie für Untersuchungshäftlinge des Amtsgerichts Landsberg.

Wer in Landsberg sitzt, muss nicht mehr die kargen Bedingungen des kaiserlichen Knasts erdulden. Anfang der 1960er Jahre wurde das Kübelsystem durch Toiletten ersetzt, später gab es einen Speisesaal, Arbeitshallen, Sportplatz mit Schwimmbad und eine Turnhalle. Die Gefangenen arbeiten unter anderem in zwölf Eigenbetrieben von der Küche über die Schlosserei bis zum Bauernhof. Arbeiten musste der Häftling Hitler nicht – das gab es in der ehrenhaften Festungshaft nicht.

Adresse Hindenburgring 12, 86899 Landsberg am Lech, www.justizvollzug-bayern.de und www.landsberg.de | Anreise Autobahn A96, Ausfahrt Landsberg-Nord, rechts auf die Augsburger Straße/Hindenburgring, rechts zur JVA. Parkplätze vor dem Gebäude | In der Umgebung Landsberg war ein Ort des Holocaust, denn westlich der Stadt mussten KZ-Häftlinge aus Dachau im Rüstungsbau schuften. Am südlichen Rand der Altstadt, an der neuen Bergstraße, steht ein Denkmal zur Erinnerung an den Todeszug.

59 Die Goldwaschanlage in Landshut

Suche nach dem großen Glück

Gold, Gold! Wohl kaum ein Edelmetall treibt den Menschen derart an. Goldrausch in Kalifornien und am bitterkalten Klondike. Tausende von Glücksrittern, die Haus und Hof verließen und sich auf den Weg zum Reichtum machten. Doch auch in Bayern suchten Unentwegte nach dem gelben Glück. Höhepunkt war im 15. Jahrhundert und die Isar bei Landshut das Kalifornien des Mittelalters. In Landshut herrscht heutzutage wieder ein Goldrausch. Denn mitten in der Altstadt wurde am Bauzunfthaus eine historische Goldwaschanlage aufgestellt, in der man sein Glück machen darf. Hier kann man unter fachkundiger Anleitung mit dem großen Teller den Flusssand auswaschen und nach Goldkörnern suchen. Der glückliche Finder darf sein Gold natürlich behalten. Aber ganz so einfach ist die Suche nicht.

Schon die Kelten hatten mühsam im Fluss nach dem großen Reichtum geschürft, aber es war im Jahr 1477, als der Goldrausch an der Isar so richtig begann: Herzog Ludwig der Reiche hieß nicht nur so, sondern hatte auch ein Näschen fürs Geschäft. Der Regent erlaubte Goldsuchern aus Landshut und den Dörfern herum das Goldwaschen an der damals noch ziemlich wilden Isar. Gold gesucht wurde in Südbayern, aber auch an Donau, Inn, Salzach und Traun. 1611 gab es noch mal einen Schub, als Bayernherzog Maximilian I. das bajuwarische Goldgeschäft mit »Bergfreiheiten« ankurbelte.

Gold wurde bis ins 18. Jahrhundert an der Isar gewaschen. Dann allerdings wurde die mühselige Arbeit unrentabel. Aber noch 1888 meldete die Landshuter Zeitung, dass einige unverbesserliche Optimisten mit ihren großen Pfannen am Flussufer gesehen worden seien. Doch die ansässigen Isarfischer machten dem Spuk ein Ende. Sie zerstörten die Schwemmanlage der unliebsamen Konkurrenz.

Adresse Dreifaltigkeitsplatz 2, 84028 Landshut, www.landshut.de | **Anreise** Autobahn A9, Kreuz Neufahrn, A92 Richtung Freising/Deggendorf, Ausfahrt Landshut-Nord, Richtung Altstadt, Parkplatz Grieserwiese (Wittstraße). Zu Fuß zum Ländtorplatz. Durch die Theaterstraße in die Altstadt und rechts Richtung Stiftsbasilika. An St. Martin vorbei auf der Inneren Münchener Straße zum Dreifaltigkeitsplatz | **Öffnungszeiten** Mai–Okt. zwei Stunden Goldwaschführung | **In der Umgebung** Motorenfans geht im Automuseum in Adlkofen das Herz über. Mehr als 70 Fahrzeuge, rund 120 Zweiräder und etwa 250 Motoren und Modelle warten auf den Besucher. www.automuseum-adlkofen.de

60 Der Ziegelturm in Landshut

St. Martin bricht alle Rekorde

Wer durch das mächtige Ländtor aus dem 11. Jahrhundert hinein in Landshuts Altstadt schreitet, betritt eine mittelalterliche Welt: Durch die Theaterstraße erreicht man das Herz der mehr als 800 Jahre alten niederbayerischen Hauptstadt und des alten Wittelsbacher-Hauptsitzes. Fast zu perfekt, um wahr zu sein, reihen sich die Fassaden der Stadtpalais aneinander. Gotik und Barock pur! Hier zeigten die Bürger ungeniert, dass sie reich waren. Doch es gibt in der Nachbarschaft noch eine Steigerung. Nämlich einen ziemlich großen Haufen gemauerter Ziegelsteine: St. Martins Kirchturm misst stolze 130,60 Meter. Damit ist das Haupt der Pfarr- und Stiftskirche (und päpstlichen Basilika) das höchste Ziegelsteinbauwerk seiner Art auf der Welt.

Landshut war bekannt als Stadt der Handwerker und Künstler. Aber St. Martin übertraf doch vieles. Hier zeigten die spätgotischen Baumeister, was sie draufhatten. Der erste Hinweis auf den Neubau datiert von 1389, aber erst 1500 war der gewaltige Turm fertig. Überhaupt ist die Kirche riesig: Allein der Innenraum misst 92 Meter, das Mittelschiff ist 28,80 Meter hoch. Der aus Sandstein gemeißelte Hochaltar, der um 1425 entstand, ist einmalig in Bayern. Tipp: Schauen Sie mal genau die Kanzel an. Im Stein eingemeißelt findet sich das Baujahr – 1422. Noch ein Rekord gefällig? Das Chorbogen-Kreuz von 1495 weist eine Körperlänge von 5,80 Metern auf und ist damit eines der größten Kruzifixe der Spätgotik.

St. Martin war das Symbol der stolzen Landshuter Bürger, die ihren Herrschern gern mal die kalte Schulter zeigten. Angeblich, so wird gemunkelt, bauten sie ihren Kirchturm nur aus einem Grund so hoch: um dem Herzog auf der Burg Trausnitz nebenan in die Suppenschüssel schauen zu können. Schade nur, dass der Besucher auf den Panoramablick über die Stadt verzichten muss, der Ziegelsteinturm kann nicht bestiegen werden.

Adresse Kirchgasse 232, 84028 Landshut, www.landshut.de und www.st.martin-landshut.de | **Anreise** Autobahn A9, Kreuz Neufahrn, A92 Richtung Freising/Deggendorf, Ausfahrt Landshut-Nord, Richtung Altstadt, Parkplatz Grieserwiese (Wittstraße) und an der Isar entlang zum Ländtorplatz gehen. Durch die Theaterstraße auf die Flaniermeile Altstadt und rechts zur Stiftsbasilika | **Öffnungszeiten** Im Sommer 7.30–18.30 Uhr, im Winter 7.30–17 Uhr. Mo und Fr 10.30–15 Uhr geschlossen | **In der Umgebung** Burg Trausnitz wurde 1204 von Herzog Ludwig I. von Bayern gegründet und war eine Stammburg der Wittelsbacher, Residenz und Regierungssitz. Sehenswert ist die Narrentreppe mit den Renaissancemalereien. Besichtigung nur mit Führung. www.burg-trausnitz.de.

61 Das Fendt Forum in Marktoberdorf

Geburtsort des »Dieselroß«

Er war schon ein begnadeter Mechaniker, der Johann Georg Fendt aus Marktoberdorf. Ende der 1920er Jahre tüftelte der Ostallgäuer an einem Motorschlepper für die Landwirtschaft. Daraus wurde der weltbekannte Traktorenhersteller Fendt. Über die Firmengeschichte informiert das eigens eingerichtete Fendt Forum, das auch Schauraum für die neuesten Erzeugnisse ist. Die Architektur des Gebäudes ist preisgekrönt. Auf 800 Quadratmetern finden sich sowohl Funktionsmodelle als auch Filme über das Werk und ein Fanshop – denn das Geschäft mit den Marketingutensilien boomt derzeit in der Traktorbranche.

Ohne Marketing läuft gar nichts: Im Forum erfahren die Besucher, wie genial die Fendt-Familie bereits in den Anfangsjahren ihres Unternehmens Werbung betrieb. Als 1930 der erste europäische Kleinschlepper mit gerade mal sechs PS auf den Markt rollte, mussten die Fendts erst mal die kritische konservative Bauernschaft von der neuen Technik überzeugen. Die Traktorbauer hatten die geniale Idee: »Dieselroß« nannten sie ihr Fahrzeug. Da klang noch das gute alte Pferd mit – die Landwirte waren angetan. Die Xaver Fendt & Co. wurde am 31. Dezember 1937 in das Handelsregister in Kempten eingetragen, schon ein Jahr später wurde das 1.000. Dieselroß fertiggestellt.

Mittlerweile gehört Fendt zum US-Konzern AGCO, aber gefertigt wird weiter in Marktoberdorf. Aus den Produktionshallen kam im Jahr 1996 ein Meilenstein im Traktorbau: Der Vario 926 mit 260 PS, der erste Großtraktor der Welt mit einem stufenlosen Getriebe. Mit etwas Glück sieht man beim Besuch im Werk den absoluten Hingucker aus dem Programm der Allgäuer auf dem Versuchsfeld fahren: Den Fendt 936 Black Beauty, der ganz in Schwarzmetallic gehalten ist. Bei diesem Anblick schnalzt nicht nur ein eingefleischter Fan der grünen Traktoren mit den roten Felgen mit der Zunge.

Adresse Micheletalweg 14, 87616 Marktoberdorf, www.fendt.com | Anreise Autobahn A96, Ausfahrt Jengen, B12 nach Marktoberdorf, den Schildern »Fendt« folgen. Parkplätze am Forum | Öffnungszeiten Mo–Do 10–16 Uhr, Fr 10–14 Uhr | In der Umgebung In Marktoberdorf wurden die Fundamente eines Römerbades und einer Villa Rustica gefunden. Die Anlage liegt beim Weiler Kohlhunden an einem Badeplatz. www.roemerbad-marktoberdorf.de

62 Der Haarsee bei Marnbach

Badeplatz mit Geschichte

Die Kreisstadt Weilheim hat im Sommer den Dietlhofer See als beliebtesten Badeplatz. Doch wem das Gedränge auf der Liegewiese zu viel wird, flüchtet ostwärts an den Haarsee. Der malerisch gelegene Platz liegt versteckt zwischen Marnbach und Magnetsried im Wald – und birgt hinter den Bäumen ein Geheimnis.

Die meisten Besucher werden nämlich kaum wissen, in wessen Nachbarschaft sie baden. Man sieht es auch kaum. Hinter den Bäumen ragt am Westufer lediglich ein Turm über die Baumwipfel: Schloss Hirschberg. Eine Luxusimmobilie mit 32 Zimmern auf 1.900 Quadratmetern Wohnfläche inklusive herrschaftlicher Tiefgarage mit 24 Stellplätzen. Der Herrensitz wurde 1912 prunkvoll im Jugendstilbarock gebaut. Das Nobelanwesen mit 50 Hektar Grund, zu dem auch der Haarsee gehört, und dem weiten Blick auf die Berge hatte stets etwas Geheimnisvolles. Viel drang nie hinaus. Gegen Ende des Zweiten Weltkriegs beherbergte Hirschberg illustre Gäste: Diktator und Hitler-Kompagnon Benito Mussolini wird nach seinem Sturz zu Hause in Italien auf Schloss Hirschberg untergebracht, und der ungarische Reichsverweser Nikolaus Horthy von Nagybánya wird dort samt seiner Familie interniert. Später diente das Anwesen als Priesterseminar, ehe 1960–2000 der Bundesnachrichtendienst dort unauffällig logierte. Im Jahr 2004 kaufte ein Privatmann die staatliche Liegenschaft.

Der Haarsee jedoch darf von der Stadt Weilheim als Badesee genutzt werden. Er ist lediglich von der Staatsstraße aus über einen langen Waldweg zu erreichen. So schön es rund um den See ist, ins Wasser gehen darf man nicht überall. Auf einem großen Hinweisschild ist nur ein Badeplatz ausgewiesen, der Rest des Ufers ist mit seinen Röhrichten, Mooren sowie der reichen Tier- und Pflanzenwelt geschütztes Biotop.

Adresse 82362 Weilheim-Marnbach, www.weilheim.de | **Anreise** Autobahn A95, Ausfahrt Seeshaupt, rechts nach Seeshaupt/Weilheim, hinter Magnetsried geht es links in den Wald (Schild). Parkplatz am See | **Öffnungszeiten** Der Haarsee ist jederzeit zugänglich | **In der Umgebung** Die Hardtkapelle bei Wielenbach birgt einen rätselhaften Fußabdruck vor dem Altar. Der Legende nach stellte ein Unbekannter 1250 seinen Fuß auf einen Stein und beendete einen Weidestreit. Zurück blieb der Fußabdruck, um den die Kapelle gebaut wurde.

63 Die Lechstaustufe 22 bei Mering

Vom Industriebau zum Naherholungsgebiet

Der Schwan ist richtig sauer! An seinen Gestaden an der Kraftwerksmauer hat sich gefälligst niemand niederzulassen. Er macht sich wichtig und beeindruckt die Gattin. Es ist aber auch ein schönes Revier, dass unser gefiederter Freund westlich von Mering am Lech sein Eigen nennt: Wo der Alpenfluss auf seinem Weg zur Donau kurz vor Augsburg zur 22. Stufe aufgestaut wird, finden nicht nur Schwäne, sondern auch Angler, Radfahrer und Sonnenanbeter ihr persönliches Paradies. Ein paar Kilometer weiter nördlich kommen Badefreunde am Auensee auf ihre Kosten. Der 18 Hektar große Baggersee ist bequem in wenigen Minuten mit dem Fahrrad zu erreichen und liegt idyllisch zwischen Lech und Galgenbach westlich von Kissing mitten im Wald. Der See bietet Liegeflächen und schattige Buchten, es gibt am nördlichen Ufer einen FKK-Platz, und die Wasserwacht passt auf. Vorteil: Hier geht es ruhiger zu als in der am Wochenende oft überlaufenen Staustufe 23 etwas nördlich, die mit ihrer besseren Infrastruktur die Massen anzieht.

Es ist eine ruhige Landschaft und topfeben dazu, denn das Lechfeld, das sich von Landsberg bis Augsburg zieht, ist bis zu sieben Kilometer breit – eine Niederterrasse aus der Jungeiszeit. Für den Velofan bedeutet das Genussradeln über Feldwege und durch lang gestreckte Ortschaften wie Prittriching und Scheuring. Dazwischen säumen Auwälder die Straße, bei Klosterlechfeld wähnt man sich in einem Urwald: Kleine Wasserläufe, Lichtreflexe tanzen auf den Moosen, alle Schattierungen von Grün – hier wurde tief in den Farbkasten gegriffen.

Überhaupt hat die Natur an dem von Menschen umgestalteten Lechufer wieder Oberhand gewonnen. Ab den 1940er Jahren wurden zahlreiche Staustufen am Lech zwischen Füssen und Augsburg errichtet, die Kraftwerksanlagen haben sich zu einem beliebten Naherholungsziel gemausert. Auch so mancher Schwan wohnt jetzt hier.

Adresse 86415 Mering, www.mering.de | **Anreise** Autobahn A8, Kreuz Augsburg-West, B17 Richtung Füssen, Ausfahrt Königsbrunn (ausgeschildert). Parkplätze unweit der Staumauer | **In der Umgebung** 1.500 Quadratmeter Wasserfläche innen und außen, Soletempel und Wellness-Oase finden sich in der Königstherme Königsbrunn. www.koenigstherme.de

64 Die Brunnenbuberl von Mühldorf

Steingestalten wachen übers Wasser

Bei einem Spaziergang durch die Altstadt von Mühldorf am Inn stößt man unweigerlich auf sie: die vier Brunnen mit den Steinfiguren, die aus einem Klostergarten stammen und nun die Brunnen bewachen. »Brunnenbuberl« werden sie liebevoll von den Einheimischen genannt. Früher wurde das kostbare Nass in Holzbecken geleitet, um die Bevölkerung der Handelsstadt zu versorgen. Aber weil die mit der Zeit marode wurden, ließen die Stadtväter Steinbrunnen hinstellen. 1839 wurden die Wasserspender mit den »Brunnenbuberl« geschmückt. Die Figuren standen einst im Chorherrenstift Rebdorf und waren vom Eichstätter Hofbildhauer Johann Jakob Berg geschaffen worden.

Überhaupt findet sich in der im typischen Inn-Salzach-Stil erbauten Stadt, die zu den ältesten in Bayern zählt, oft nicht Alltägliches. Wussten Sie, dass es im Rathaus, wo der heutige Bürgermeister sitzt und arbeitet, noch eine »Hexenkammer« gibt? Diese hat sich seit den grausigen Vorkommnissen im Jahr 1750 nicht verändert. Damals wartete die 16-jährige Kindsmagd Marie Pauer in diesem fensterlosen Loch auf den Ausgang ihres Prozesses. Dem Mädchen wurde vorgeworfen, mit dem Teufel im Bunde zu stehen. Vom 28. Januar bis 27. März 1750 wurde sie vom Mühldorfer Pfleg- und Stadtgericht verhört. Zwei Monate lang vegetierte sie in der lediglich 2,80 mal 3 Meter großen Zelle vor sich hin. Bei den Verhören wurde sie laut den überlieferten Prozessprotokollen mit insgesamt 557 Fragen traktiert. Marie Pauer hatte keine Chance und wurde zum Tode verurteilt. Am 6. Oktober 1750 starb sie in Salzburg – das Mädchen aus Mühldorf war wohl die letzte Person, die in Österreich wegen Hexerei hingerichtet wurde.

Bereits im Jahr 1322 war Mühldorf Schauplatz einer weiteren historischen Besonderheit: Bei Dornberg kam es zur Entscheidungsschlacht um die deutsche Kaiserkrone zwischen Ludwig dem Bayern und Friedrich dem Schönen von Österreich. Die Österreicher verloren. Es war die letzte Ritterschlacht auf deutschem Boden.

Adresse Rathaus, Stadtplatz 21, 84453 Mühldorf am Inn, www.muehldorf.de | **Anreise** Autobahn A99, Kreuz München-Ost, A94 nach Forstinning, B12 bis Mühldorf. Parkplätze im großen Parkdeck am Bahnhof. Kurzer Fußmarsch in die Altstadt | **Öffnungszeiten** Mo–Mi 8–15 Uhr, Do 8–18 Uhr, Fr 8–12 Uhr | **In der Umgebung** Ein Teilstück des Inn-Radweges führt von Mühldorf in den Wallfahrtsort Altötting. Hauptattraktion dort ist der Kapellplatz mit der berühmten »Schwarzen Muttergottes« in der Gnadenkapelle. Auf dem Bruder-Konrad-Platz steht die Papstlinde.

65 Die Fußgängerzone in Murnau

Einkaufsbummel mit Bergblick

Es kam ganz anders mit Murnaus Fußgängerzone. Entgegen den Bedenken von Handel und Handwerk hat das Areal zwischen Griesbräu- und Schlossbergstraße überlebt. Als die einstige Hauptstraße des oberbayerischen Kunststädtchens für den Verkehr geschlossen werden sollte, fürchtete mancher Gewerbetreibende um seine Einkünfte. Doch als im Jahr 2000 die Fußgängerzone mitten in der Altstadt eröffnet wurde, begann eine neue Zeitrechnung für die ehemalige Station an der römischen Handelsstraße. Murnau boomt seitdem. Einheimische und Besucher gleichermaßen genießen den Einkaufsbummel durch den Ober- und Untermarkt. Cafés und Restaurants laden rund um die Mariensäule zum Verweilen ein. Murnau hat sich zu einem Einkaufszentrum im Oberland gemausert. Die denkmalgeschützte Fassadenfront, geprägt durch den Münchener Jugendstilarchitekten Emanuel von Seidl, tut ein Übriges dazu. Und so mancher alte Bierkutscher der »Karg«-Brauerei erinnert sich mit Grausen an die Zeit, als er sich mit seinem Lastwagen mühsam durch die ständig verstopfte Hauptverkehrsader kämpfen musste.

Murnau ist ein von der EU geadeltes Kulturzentrum in der Region. Das Blaue Land zog Maler wie Wassily Kandinsky an. Der russische Expressionist verewigte Murnau auf vielen seiner abstrakten Bilder, zum Beispiel das Ramsachkircherl als Titelblatt für den berühmten »Blauen Reiter«-Almanach. Im Sommer lebten Kandinsky und Gabriele Münter von 1909 bis 1914 zusammen im »Russenhaus«. Das Münterhaus an der Kottmüllerallee wurde restauriert und kann besichtigt werden. Dabei sieht man, dass die Künstler auch vor den eigenen vier Wänden nicht zurückschreckten: Wer bemalt schon seine Treppe und die Möbel? In Murnau verfasste auch der Schriftsteller Ödön von Horváth Weltliteratur. Im Schlossmuseum bekommt man einen Eindruck von der künstlerischen Bedeutung der Kleinstadt im Voralpenland.

Adresse Obermarkt/Untermarkt, 82418 Murnau, www.murnau.de | **Anreise** Autobahn A95, Ausfahrt Murnau, rechts ab nach Murnau. Parken am Kurpark (Parkhaus). Nur wenige Schritte zur Fußgängerzone | **In der Umgebung** Das Murnauer Moos ist mit 4.200 Hektar das größte intakte Moorgebiet Mitteleuropas. Wanderer können es auf einem zwölf Kilometer langen Rundweg erkunden. Die Kirche St. Georg am Ramsachbach besitzt eine der ältesten Kirchenglocken auf dem europäischen Festland aus dem 8. Jahrhundert.

66 Die Wolfsschlucht in Neubeuern

Gute Geschäfte mit Mühlsteinen

Seltsam ruhig ist es auf einmal. Hoch ragen die Felswände rechts und links auf. Obwohl Neubeuern nah ist, fühlt man sich allein in dem engen Durchgang, durch den der Wanderweg führt. Die Wolfsschlucht ist der wohl mystischste Ort des malerischen Ferienorts am Eingang des bayerischen Inntals. Neubeuern rühmt sich als Kulturdorf mit vielen Künstlern, wurde gar Anfang der 1980er Jahre zu Deutschlands schönstem Dorf gekürt, aber eigentlich sind es die Geologie und die Lage am Fluss, die das Besondere ausmachen. Mühlsteine und Baumaterialien wurden rund ums Dorf aus dem Fels gebrochen. Wie in der Wolfsschlucht: Sie war wohl der erste Steinbruch am Ort. Steine von hier finden sich auch im Turm des renommierten Internat-Schlosses Neubeuern. Abgebaut wurden in der Schlucht Grünsandstein zum Schleifen und Eisenoxid führende Sandsteine für den Hausbau.

Wie mühselig die Schufterei war, zeigt sich im Steinbruch von Altenbeuern: Von 1572 bis 1860 wurden hier Mühlsteine herausgebrochen. Erst meißelte der Steinmetz eine Rinne in den harten Stein, dann wurden trockene Buchenholzkeile in den Spalt geschlagen und so lange begossen, bis sie aufquollen und den Fels sprengten. Der Steinbruch gehört zu den 100 wichtigsten bayerischen Geotypen.

Die Neubeuerer hatten bei ihrer Mühlsteinproduktion den Vorteil, dass der Inn in der Nähe floss – die schweren Erzeugnisse wurden verschifft und so schnell bis Wien transportiert. An die Bootszunft erinnert der neue Schiffleut-Wanderweg, der auf dem neun Kilometer langen Rundweg über den Industriezweig und über eine Zeit, als die Mühlsteine vier bis sechs Gulden kosteten, informiert. Für einen Gulden bekam man damals 16 Maß Bier. Am besten schmeckt heute die Maß in einem der Wirtshäuser am hübschen Marktplatz, umgeben von Lüftlmalereien, Dorfbrunnen und einer Kunstgalerie.

Adresse 83115 Neubeuern, www.kulturdorf-neubeuern.de | Anreise Autobahn A8, Ausfahrt Rohrdorf, Richtung Raubling/Neubeuern | In der Umgebung 550 Millionen Jahre Erdgeschichte werden im privaten Urweltmuseum Neiderhell in Kleinholzhausen gezeigt. Fossilien und Dinosaurierfiguren auf 460 Quadratmetern. Geöffnet Mo, Di, Do, Fr 10–14 Uhr, Sa, So, feiertags 11–16 Uhr. www.urweltmuseum.com

67_Die Vertriebenensiedlung Neugablonz

Böhmischer Schmuck im Unterland

Neugablonz schön zu nennen wäre übertrieben. Der mit 13.000 Einwohnern größte Stadtteil von Kaufbeuren ist zweckmäßig gebaut, der Stil der 1950er und 1960er Jahre bestimmt das Bild. Auch der zentrale Platz mit der Betonkirche und dem Brunnen mit dem Schwertträger wirkt in seiner Nüchternheit eher abweisend. Aber die Ansiedlung hat eine besonderes Geschichte: Neugablonz ist nach Geretsried, Neutraubling, Traunreut und Waldkraiburg eine von fünf Vertriebenengemeinden in Bayern. Außerdem gibt es in der neuen Ostallgäuer Heimat die gleiche Schmuck- und Glasindustrie wie zu Hause in Gablonz an der Neiße.

Die Stadt im Isergebirge gehörte vor dem Zweiten Weltkrieg zu den blühenden Städten Nordböhmens und war mehrheitlich von Sudetendeutschen bewohnt. Nach 1945 wurden die Vertriebenen auf dem Areal einer ehemaligen Munitionsfabrik im Nordosten Kaufbeurens angesiedelt. Eine eigene kleine Stadt entstand auf der rechten Seite der Wertach. Am 8. August 1952 gab das Innenministerium sein Okay, den neuen Teil Kaufbeurens offiziell Neugablonz zu taufen. Viele Sudetendeutsche ließen sich nieder, brachten ihr handwerkliches Geschick mit und bauten die »Gablonzer Bijouterie« wieder auf.

Doch nicht nur der Ortsname erinnert an die alte Heimat. Das Rüdiger-Denkmal samt Brunnen gegenüber der modernen Herz-Jesu-Kirche an der Sudetenstraße ist der Originalbau aus Böhmen. Der Brunnen wurde 1945 abgerissen und auf einem Bauhof in Prag gelagert, bis die Neugablonzer die Reste den Tschechen für 40.000 Mark abkauften und im Ostallgäu aufstellten. Der Platz wird wie in Gablonz Bastei genannt – auch dort stand eine Herz-Jesu-Kirche neben dem Rüdiger-Brunnen. Außerdem wurden viele Straßen nach den Stadtteilen von Alt-Gablonz und den Bergdörfern benannt. Und auf der Straße und in den Geschäften hört man noch »Paurisch«, den Dialekt aus dem Isergebirge.

Adresse Bastei, 87600 Kaufbeuren | **Anreise** Autobahn A96, Ausfahrt Jengen, B12 Richtung Kaufbeuren, Ausfahrt Neugablonz und auf den Gablonzer Ring, links in die Gürtlerstraße, links in die Gewerbestraße und bis zum Neuen Markt. Parkplatz beim Museum | **Öffnungszeiten** Isergebirgsmuseum Di–So 14–17 Uhr, www.isergebirgs-museum.de | **In der Umgebung** Das Isergebirgsmuseum in Neugablonz erzählt die mehr als 400-jährige Geschichte von Glas, Schmuck und Tuch. Es ist aber keine tränenreiche Verklärung der Heimat.

68 Das Bauernhof-Museum in Neuhaus

Markus Wasmeiers Traum

In Neuhaus am Schliersee hat sich der ehemalige Skirennfahrer Markus Wasmeier einen Lebenstraum erfüllt: ein eigenes Bauernhof-Museumsdorf. Damit will der heimatverbundene Doppelolympiasieger gegen den Verfall der bäuerlichen Tradition zwischen Inn und Isar ankämpfen. »Altbayrisch« nennt der Sunnyboy des alpinen Skisports sein Museum. 2007 öffnete die Anlage ihre Pforten. Das Projekt war einmalig: Die mehr als 100 Jahre alten Höfe wurden nicht nur vor dem Verfall gerettet und sorgfältig restauriert, sondern werden real bewohnt, wie es um 1700 Brauch war. Es wird gekäst, gebuttert und gebacken. Es werden Tiere gehalten, Kräutergärten angepflanzt, und vorm Haus dampft ein echter Misthaufen.

Der gelernte Maler und Restaurator Wasmeier war immer stolz auf seine Heimat, zupft die Zither, hält alte Handwerkstechniken hoch und wohnt selbst in einem Hof aus dem 12. Jahrhundert. Auf dem sechs Hektar großen Hügelgelände stehen der »Rieder Hof« aus Bayrischzell, der 1200 erstmals erwähnt wurde, der »Lukas Hof« aus Finsterwald bei Gmund, dessen Bäume für den Holzbau 1510 gefällt wurden, und das Ensemble »Beim Wofen«. Der Hof geht auf das Jahr 1734 zurück und befand sich in Feldkirchen-Westerham. Die zwei Gebäude waren Gefängnis, Landwirtschaft, Schmiede und Gasthaus. Heute beherbergt das Anwesen die Wirtschaft, im Nebengebäude befindet sich die Schöpfbrauerei, die originalgetreu wie vor 300 Jahren aufgebaut wurde und in der Bier nach alten Rezepten hergestellt wird. Das Museum beschränkt sich nicht nur aufs Anschauen. Mitmachen ist angesagt: Es gibt Bierbraukurse, und man kann filzen, backen und kochen wie vor 300 Jahren.

Ski-Idol Wasmeier hat sich gleich ein Wintersportmuseum mit eingerichtet. 5.000 Jahre Geschichte des kalten Sports werden gezeigt. Der Standort passt: In Schliersee reisten schon Mitte des 19. Jahrhunderts die ersten »Schneeläufer« an.

Adresse Brunnbichl 5, 83727 Schliersee-Neuhaus, www.wasmeier.de | Anreise Autobahn A8, Ausfahrt Weyarn, Richtung Miesbach, B307 nach Schliersee-Neuhaus, das Museum ist nach dem See unmittelbar vor dem Bahnübergang. Parkplätze vorm Museum | Öffnungszeiten April–Nov. Di–So, Feiertage 9–17 Uhr, Mo geschlossen | In der Umgebung In der Miesbacher Oberlandhalle findet am ersten Samstag im Monat ab sieben Uhr der große Pferdemarkt statt. Händler aus ganz Europa versuchen, bauernschlau das beste Geschäft zu machen. Die Versteigerung mit ihren versteckten Zeichen ist ein Erlebnis.

69 Der Mühlbach in Nußdorf

Das Wasser brachte dem ganzen Dorf viel Arbeit

Es gibt Straßendörfer und Haufendörfer. Nußdorf am Inn aber ist sozusagen ein Bachdorf. Denn Entwicklung und Ortsbild wurden geprägt von zwei Wasserläufen: Steinbach und Mühlbach.

Vor allem Letzterer trug dazu bei, dass Nußdorf zum Mühlendorf am Inn wurde. Der Mühlbach wurde bereits vor 1450 von den Einwohnern künstlich angelegt. Es war eine raffinierte Konstruktion: Die Erbauer leiteten das Wasser am Ausgang des Mühltals vom Steinbach ab, ließen es durch das Dorf strömen und führten die Ableitung danach wieder zurück zum Steinbach, der nach getaner Arbeit in den Inn fließt. Vom Mühlbach lebte praktisch ganz Nußdorf. In der Blütezeit arbeiteten 15 Betriebe mit der günstigen Kraft der Natur. Da gab es die drei Getreidemühlen, die so viel Auskommen hatten, dass gleich drei Stück vier Jahrhunderte lang nebeneinander existieren konnten. 1972 wurde die letzte Mühle stillgelegt – sie ist aber immer noch komplett funktionsfähig. Auch die Handwerker nutzten den Bach für Schmieden, Hammerwerke und Schleifereien. Richtig dick im Geschäft waren die Sägewerke: Allein im 19. Jahrhundert ratterten sieben Anlagen in Nußdorf, das Holz gab es reichlich in den Bergen. Noch bis 1938 wurden die Stämme aus dem benachbarten Tirol auf dem Inn mit Flößen antransportiert. Dank der Wasserkraft erhielt Nußdorf schon früh Strom: Ein Sägewerksbesitzer hatte 1895 ein Elektrizitätswerk in Betrieb genommen.

Die beste Art, die eigenartige Industriegeschichte des kleinen bayerischen Dorfs zu entdecken, ist eine Wanderung auf dem Mühlenweg: Der Pfad führt 3,5 Kilometer durch das Tal und den Ort. Es gibt 18 Stationen von der Getreidemühle über die Sägen zum Gipswerk, Dreschtenne, Gerberei bis zum E-Werk.

Nur seinen Namen hat Nußdorf nicht von den Bächen und Mühlen bekommen. Es waren die Nussbäume, die überall im Dorf wachsen.

Adresse Verkehrsamt, 83131 Nußdorf am Inn, Tel. 08034/9079-20, www.nussdorf.de | Anreise Autobahn A8, Inntaldreieck Richtung Kufstein, Ausfahrt Brannenburg, links nach Nußdorf | Öffnungszeiten Führungen am Mühlbach Mai–Okt. 1./3. Do im Monat 13.30 Uhr am Gemeindeamt | In der Umgebung Nußdorf hat sogar noch einen Einsiedler. Der Mann lebt in einer Felsklause bei der Wallfahrtskirche Kirchwald. Die spätbarocke Kirche wurde 1720 gebaut und später im Rokokostil ausgeschmückt. Schauen Sie hin: Auf dem Altar steht eine byzantinische Ikone!

70 Der Döttenbichl bei Oberammergau

Auf dem uralten Kultplatz kämpfte Varus

Oberammergau hat seine Passion und die Holzschnitzer. Das Religiöse prägt den Ort, der so verschwenderisch mit dem alpenländischen Lüftlmaler-Baustil umgeht, doch die Sache mit dem Glauben geht noch weiter zurück. Wer die Straße an den Tennisplätzen und dem neuen Friedhof an der Ammer vorbei weiterfährt, kommt zum Döttenbichl. Mit seinen urtümlichen Bäumen, dem Moos, dem Nebel und den Felsbrocken ist es ein mystischer Ort, der von der nur wenige Meter entfernt vorbeiführenden Bundesstraße nicht zu erkennen ist. Hier scheint kaum Sonne in das Schattenloch am Berg. Der Felsklotz unterhalb vom felsigen Finger des Kofels war in der Eisenzeit und später bei den Römern ein Kultplatz. Davon zeugen die Fundstücke, die im Oberammergauer Museum ausgestellt werden. Das fast drei Hektar große, heute bewaldete Gebiet war zwischen 100 v. Chr. und 50 n. Chr. ein Heiligtum der einheimischen Bevölkerung, in dem die Menschen ihre Weihegaben niederlegten.

Auf dem Döttenbichl fanden Archäologen die ältesten Zeugnisse römischen Militärs im Freistaat: Historiker gehen davon aus, dass es beim großen Alpenfeldzug Roms im Jahr 15 v. Chr. zu einem Gefecht zwischen den siegreichen Invasoren und den heimischen Kelten gekommen war. Mit beteiligt als Feldherr: Publius Quintilius Varus, der Mann, der mit seiner Einheit 24 Jahre später bei der Schlacht im Teutoburger Wald vernichtend von Arminius geschlagen wurde. Auf dem Döttenbichl gruben die Experten Dolche und vor allem drei Pfeilspitzen aus, sie tragen den Stempel der 19. Legion – jener Einheit, die mit der 17. und 18. Legion unter dem Befehlshaber Varus im Ostwestfälischen unterging und nie wieder aufgestellt wurde. Die Entdeckungen in Oberbayern beweisen: Varus konnte doch siegen, und Oberammergau war sein östlichster Einsatzort bei der Eroberung des Alpenvorlands, die bei Dangstetten am Hochrhein begonnen hatte.

Adresse Malensteinweg, 82487 Oberammergau, www.ammergauer-alpen.de | **Anreise** Autobahn A95, Ausfahrt Eschenlohe B2 bis Oberau, rechts auf die B23 nach Oberammergau, 1. Ausfahrt Oberammergau ab und der Ettaler Straße folgen, links in die König-Ludwig-Straße, über die Ammerbrücke und gleich links in den Malensteinweg. Bis zum Wanderparkplatz am Wald fahren. Fußweg ausgeschildert | **Öffnungszeiten** Jederzeit zugänglich | **In der Umgebung** Der Laber hat zwar nur 1.684 Meter Höhe, bietet dafür aber einen tollen Rundblick. Oben gibt es ein Bergrestaurant. www.laber-bergbahn.de

71 Die Porzellansammlung in Oberschleißheim

Meißener Kunst in der Residenz

Am Anfang war die Gegend ein gottverlassener Flecken Moor. Bis Herzog Wilhelm V. im Jahr 1597 die einsame Schwaige Schleißheim mit ihrer Kapelle dem Freisinger Domkapitel abschwatzte. Der Regent hatte was übrig für religiöse Plätze und Lebensart und ließ ein Jahr darauf in Schleißheim ein Herrenhaus samt Gutshof bauen. Bald kam ein Gestüt dazu. Die Landwirtschaft produzierte einen schönen Gewinn, was Sohnemann und mittlerweile Herrscher Maximilian I. interessierte: Er kaufte seinem Vater Schleißheim ab. Der Herzog ließ das Herrengut im Stil eines italienischen Landhauses ausbauen – das heutige Alte Schloss. Nachfolger Kurfürst Max Emanuel machte den Landsitz zur pompösen Residenz. Im späten 17. Jahrhundert entstand Schloss Lustheim mit seinen schönen Deckenfresken. Nach 1700 kam das dritte, das Neue Schloss dazu, ein monumentaler Bau. Wer durch die barocke Parkanlage mit ihren Wasserflächen, Fontänen und Kaskaden wandelt, glaubt sich in der Zeit der absolutistischen Herrscher versetzt.

Den eigentlichen Schatz der Oberschleißheimer Anlage beherbergt jedoch seit 1971 Schloss Lustheim: das Meißener Porzellan im Zweigmuseum des Bayerischen Nationalmuseums. Es ist die bedeutendste Zusammenstellung des weißen Golds nach der weltberühmten Sammlung im Dresdner Zwinger. Zu verdanken haben die Oberbayern das Kulturgut dem Industriellen Prof. Dr. Ernst Schneider und dessen Nachlass. Mehr als 2.000 erlesene Exponate stehen im kurfürstlichen Lustschloss. Die Stücke reichen von der Gründung der Meißener Porzellanmanufaktur 1719 bis zum Siebenjährigen Krieg um 1760. Porzellanliebhaber schnalzen beim Anblick der lebendig modellierten Tierfiguren mit der Zunge. Schauen Sie sich das Schwanenservice des Grafen Heinrich von Brühl oder das Service des polnisch-sächsischen Ministers Graf Aleksander Józef von Sułkowski an – dann weiß man, wie edel der Adel seine Feste genoss.

Adresse Max-Emanuel-Platz 1, 85764 Oberschleißheim, www.schloesser-schleissheim.de | Anreise Autobahn A92, Ausfahrt Oberschleißheim; A99, Ausfahrt Neuherberg; A9, Ausfahrt Garching-Süd. Parkplätze am Neuen Schloss. Mit der S-Bahn S1 ab München-Hauptbahnhof, Haltestelle Oberschleißheim, 15 Minuten zu Fuß | Öffnungszeiten April–Sept. Di–So 9–18 Uhr, Okt.–März Di–So 10–16 Uhr. Themenführungen zum großen Teil kostenlos, nur Eintritt zu zahlen. Wasserspiele April–Sept. täglich 10–16 Uhr | In der Umgebung Im Oktober 1957 ging das legendäre »Atom-Ei« der Technischen Universität in Garching in Betrieb. Es war die erste nukleare Anlage in Deutschland. Im Juli 2000 wurde das Ei stillgelegt, seine Aluhülle steht noch. www.garching.de

72 Die Pähler Schlucht

Schwer zu finden, aber es lohnt sich

Es ist wunderbar still geworden. Die Bundesstraße ist hier unten in der Pähler Schlucht nicht mehr zu hören, die eigenen Schritte werden vom Laub verschluckt, nur der Wind murmelt leise zwischen den Bäumen. Das einzige echte Geräusch ist das Rauschen des Burgleitenbachs, das immer näher kommt. Immer wilder wird das Gelände, und plötzlich taucht ein halb verfallenes Steinhäuschen auf, das am Wildbach gebaut wurde. Ein ehemaliger Industriebau, der wohl als Turbinenenhalle zur Energiegewinnung für das nahe Schloss benutzt wurde. Immer enger wird die Schlucht, und der schmale Pfad wechselt mehrfach fröhlich über rutschige Steine die Bachseiten. Gutes Schuhwerk und Trittsicherheit sind für die Wanderung unbedingt notwendig! Nach einer Stunde Fußmarsch spielt am Ende der Schlucht die Natur alle Karten aus: Ein Wasserfall stürzt einem 16 Meter hoch buchstäblich entgegen.

Die Pähler Schlucht ist ein verstecktes Kleinod. Das liegt daran, dass es nicht so leicht zu finden ist. Eine ordentliche Ausschilderung gibt es nicht, die zum Teil handgemalten Markierungen übersieht man schnell. Das 16,36 Hektar große Areal wurde 1983 aus geologischen Gründen zum Naturschutzgebiet erklärt. Die Landschaft war durch Gletscher und das Schmelzwasser der letzten Eiszeiten gebildet worden, die Gesteine sind typisch für das Alpenvorland.

Während unten das Wasser tobt, thront oben auf einem Felssporn das Hochschloss Pähl. Der trotzige Bau geht auf das 8. Jahrhundert zurück und gehörte lange Zeit zum Kloster Andechs. Später fiel es an diverse Landesherren und wurde zuletzt 1883/85 umgebaut. Heute ist es in Privatbesitz und kann leider nicht besichtigt werden.

Zum perfekten Abschluss des Naturtages gehört auf der anderen Seite der B2 der Aussichtshügel oberhalb der Hirschberg-Alm. Von hier hat man den perfekten Blick auf den Pfaffenwinkel samt Hohen Peißenberg und die Alpen.

Adresse 82396 Pähl, www.gemeinde-paehl.de | **Anreise** Autobahn A95, Ausfahrt Starnberg, B2 Richtung Weilheim, Abfahrt Pähl, an der Kirche parken und zu Fuß hoch zum Schloss laufen, rechts geht ein Pfad am Anwesen vorbei und den Hang entlang bis zur Schlucht (unregelmäßig Schilder mit Pfeilen an den Zäunen) | **Öffnungszeiten** Die Schlucht ist ganzjährig zugänglich. Allerdings kann der Weg schlammig oder von einem Hangrutsch versperrt sein. | **In der Umgebung** Gut Kerschlach in Pähl wurde bis in die 1990er Jahre von Benediktinerinnen bewirtschaftet. 1997 kaufte es sich ein Verleger und richtete einen Biobetrieb mit Hofläden ein. www.gutkerschlach.de

73 Der Eibenwald in Paterzell

Mystik unter den heiligen Bäumen

Mitten im ansonsten so gottesfürchtigen Pfaffenwinkel geht es ausgesprochen heidnisch zu. Der Eibenwald von Paterzell ist nicht nur der größte seiner Art in Deutschland, dem ehemaligen Forst des Klosters Wessobrunn werden auch magische Kräfte zugeschrieben.

Es ist ein mystischer Ort, den der Besucher nach einem kurzen Wegstück vom Parkplatz an der kurvigen Straße von Paterzell aus betritt. In die Senke am Berghang fällt kaum Licht, es herrscht eine unnatürliche Stille, Nebelschwaden wabern über den Bachlauf, Moos wächst über die toten Baumriesen, dazwischen stehen die Eiben. Rund 2.300 Exemplare wurden auf dem 88 Hektar großen Areal gezählt. Die zum Teil mehr als 1.000 Jahre alten Bäume stehen schon seit 1939 in Paterzell unter Naturschutz.

Die Eibe ist durch und durch mystisch. Der Baum galt schon unseren keltischen Vorfahren als Symbol des Lebens und des Todes zugleich, das Gift seiner Früchte ist legendär. Außerdem war das Holz für Hausbau und Waffen gefragt, schon der Eismann Ötzi trug auf seinem Weg über den Similaunpass einen Bogen aus Eibenholz mit sich. Eiben wurden gnadenlos abgeholzt. Kein Wunder also, dass um 1600 herum kaum noch Exemplare zu finden waren. Nur in Paterzell, denn die dortigen Mönche rührten die heiligen Eiben in ihrem Klosterwald nicht an.

Den Eibenwald kann man ganz bequem auf dem eigens angelegten Infopfad erkunden. Zehn Klapptafeln laden zu einem lehrreichen Quiz ein. Aber bitte nicht den Weg verlassen und durch das Unterholz trampeln! Denn die Natur wird sich bewusst selbst überlassen, Fauna und Flora dürfen ungestört wuchern. In dem morschen Totholz haben sich Spechte und Käuze eingenistet, Blindschleichen und Kreuzottern leben auf dem Boden, auch ein Fischadlerpärchen hat sich hier niedergelassen. Und hinter der nächsten Kurve glaubt man einen keltischen Druiden zu sehen, der sich Rat beim Geist der Eibe holt.

Adresse 82405 Wessobrunn, www.wessobrunn.de | Anreise Autobahn A95, Ausfahrt Seeshaupt, über Weilheim in Richtung Wessobrunn. In Zellsee links nach Paterzell. Parkplatz auf der linken Seite (ausgeschildert) | In der Umgebung Gentle Giants – die freundlichen Riesen werden die Shire Horses genannt. Die mächtigen Pferde wurden einst in England für die Ritter gezüchtet, heute hat Robert Mittelmeier in Tritschenkreut bei Peißenberg die größte Zucht in Europa. www.shiremeier.de

74 Der Ziegelmeierschacht in Peißenberg

Diskrete Erinnerung an den Bergbau

Es ist nur ein unscheinbarer Ring aus Pflastersteinen mit ein paar Büschen und vier Bänken herum. Die Stelle nimmt kaum jemand wahr, der mit dem Auto in das neue Peißenberger Gewerbegebiet oder weiter zum Recyclinghof fährt. Dabei wäre die 12.000 Einwohner zählende Marktgemeinde am Fuße des Hohen Peißenbergs ohne das, was sich unter den Steinen verbirgt, nie zu einer Stadt geworden.

Hier war der Eingang zum Ziegelmeierschacht, dem Hauptschacht des Peißenberger Bergwerks. Darüber ragte der Förderturm auf, der 1972 nach dem Ende des Bergwerks aus Angst vor Protesten in einer Nacht- und Nebelaktion gesprengt wurde. Fast 150 Jahre lang wurde hier nach Pechkohle gegraben. Peißenberg, Peiting, Penzberg und Hausham, das waren die oberbayerischen Gruben.

In Peißenberg wurde ab 1837 professionell Kohle gefördert. Der Tiefstollen am Berghang war das erste Zentrum. Später zog das Bergwerk weiter: Am 27. März 1912 begannen die Bergleute den Ziegelmeierschacht, der nach einem langjährigen Direktor benannt wurde, abzuteufen. Der Hauptschacht des Bergwerks ging bis auf 1.200 Meter runter. Die Peißenberger Kohle machte mit ihrer guten Qualität sogar dem Ruhgebiet Konkurrenz, aber die Förderung war zu teuer. Ein oberbayerisches Bergwerk nach dem anderen machte dicht, zuletzt Peißenberg. Am 31. März 1971 fuhr die letzte Schicht in die Tiefe. 40 Millionen Tonnen Kohle waren in fast 150 Jahren aus der Erde geholt worden.

Die Anlagen wurden abmontiert, vieles einfach in den Ziegelmeierschacht geworfen und zubetoniert. Jahrelang kümmerte sich keiner um den einstigen Eingang, bis vor ein paar Jahren ein Heimatforscher im Alleingang die Stelle ausforstete und einen Weg samt Gedenkplatz anlegte. In der Nachbarschaft erinnert ein markantes Gebäude an den Bergbau: Das Kraftwerk ist noch in Betrieb. Die alten Werkstatthallen der Grube wurden aber abgerissen. Sie mussten einem Discounter weichen.

Adresse An der Grube, 82380 Peißenberg, www.peissenberg.de | **Anreise** Autobahn A95, Ausfahrt Sindelsdorf, rechts auf die B472 Richtung Peißenberg, im Ort der Hauptstraße folgen und nach drei Kilometern rechts in die Straße Am Stadelfeld, links in die Hochreuther Straße und gleich wieder links aufs PKG-Gelände. Der Schacht ist rechts. Parken bei den Supermärkten | **Öffnungszeiten** Das Denkmal ist frei zugänglich | **In der Umgebung** Den besten Eindruck von der Kohlezeit bekommt man im Peißenberger Bergbaumuseum. Spannend ist die Führung durch den restaurierten Tiefstollen. Geöffnet 1./3. So 14–16 Uhr, 15. Mai–15. Sept. auch Mi 14–16 Uhr. www.knappenverein-peissenberg.de

75 Die Stadthalle in Penzberg

Franz Josef Strauß musste draußen bleiben

Als Franz Josef Strauß Bayern regierte, war er überall ein gern gesehener Gast. Vor allem im Oberland, wo der Politiker Landrat in Schongau war. Überall? Nein, es gab Ausnahmen. Penzberg, ehemalige Bergarbeiterstadt und rote Hochburg im tiefschwarzen Oberbayern, verweigerte sich dem CSU-Granden. Ort der unerhörten Handlung: die Stadthalle. Der Zweckbau an der Bürgermeister-Rummer-Straße ist wahrlich nicht schön, aber die 1928 feierlich eröffnete Halle schrieb Geschichte. Als Strauß in den 1970er Jahren bei einer Kundgebung eine Rede in der Halle halten wollte, stand er vor verschlossener Tür. Der Wirt, so wurde dem erzürnten Regenten erklärt, habe seinen freien Tag – und der Schlüssel sei unauffindbar. Dem Ministerpräsidenten blieb nichts anderes übrig, als von dannen zu ziehen.

Die Halle hat einiges erlebt. Schon vor der Grundsteinlegung stritten sich die Sozialdemokraten 1927 im Stadtrat mit den Bürgerlichen über den Bau. Die mächtige Zechenleitung wollte keine öffentlichen Gebäude, damit die Vereine weiter die Werkshallen nutzen müssen. Doch ein Jahr später steht die Stadthalle. 115.000 Mark kostet der Bau, 50.000 Mark spendiert die Löwenbrauerei.

Ihre dunkelste Stunde erlebt die Arbeiterhalle am 27. April 1933: Die NS-Stadträte ernennen ihren braunen Kandidaten zum Bürgermeister, SA-Horden stehen Wache. Die SPD nominiert mutig Hans Rummer – obwohl der längst in Schutzhaft sitzt. Die Sozis lehnen auch ab, Adolf Hitler und Richard Wagner zu Ehrenbürgern zu ernennen. Nach dem Krieg bis heute wurde die Stadthalle wieder das, wofür sie gebaut worden war: der Mittelpunkt für das gesellschaftliche und kulturelle Leben.

Den Auftritt in Penzberg hat Strauß nachgeholt. Einer seiner Nachfolger hatte weniger Probleme: Als Edmund Stoiber zum Wahlkampf in die Stadt kam, durfte der CSU-Mann ohne Probleme in die Stadthalle rein. Begrüßt wurde er vom Bürgermeister – der natürlich von der SPD kommt.

Adresse Bürgermeister-Rummer-Straße 2, 82377 Penzberg, www.penzberg.de | **Anreise** Autobahn A95, Ausfahrt Penzberg/Iffeldorf, links nach Penzberg, an der Hauptkreuzung rechts in die Bahnhofstraße und gleich links in die Friedrich-Ebert-Straße. Nach 200 Metern kommt die Halle. Parkplätze davor | **In der Umgebung** Penzberg wuchs wegen des Kohlebergbaus von einem Haufen Bauernhöfe zur Stadt. Der Geschichtslehrpfad mit 30 Stationen erinnert an das Leben mit der Zeche, die 1966 dicht machte. Flyer im Rathaus

76 Das Isar-Zentrum bei Plattling

Paradies am Fluss

Da, wo die Isar bei Plattling und Deggendorf in die Donau mündet, regiert die Natur. Die Landschaft gilt als einzigartig in Bayern. Dichte Auenwälder wechseln sich mit Altwasserarmen, Röhrichten, Sumpfwiesen und Wildrasen ab. Entsprechend wird das Gebiet geschützt: 808 Hektar sind Naturschutzgebiet, dazu kommen 3.436 Hektar Landschaftsschutzgebiet, 1.811 Hektar europäisches Fauna-Flora-Habitat-Gelände sowie 2.077 Hektar Vogelschutzgebiet.

Doch ganz wird der Mündungsbereich den Menschen nicht vorenthalten. Durch das Gelände führen zahlreiche Erlebnispfade, darüber hinaus ist es ein Paradies für Radfahrer. Den besten Eindruck von dem Naturschutz bekommt man im Infohaus Isarmündung. Die Einrichtung wurde im Jahr 2000 vom Landkreis Deggendorf eröffnet und hat sich zu einer Attraktion in der Region gemausert. Auf 250 Quadratmetern laden zwei Ausstellungen zu einem Rundgang ein: »Lebensraum Isarmündung« ist für Kinder gut geeignet, weil hier sehr anschaulich die Vielfalt und die Entstehung des Mündungsgebiets gezeigt werden. Spannend ist der Blick in die Aquarien mit den Isarfischen. Die Isar ist aber nicht nur ein Paradies für Tiere und Pflanzen, sondern wird vom Menschen genutzt. Dies zeigt die Schau »Kraft im Fluss«, in der das Wasserwirtschaftsamt die Geschichte eines Alpenflusses darstellt.

Spielen und lernen können die jungen Besucher auf dem sieben Hektar großen Freigelände. Neu geschaffen wurde der Flusslauf, der sich mit seiner naturgetreuen Uferlandschaft durch das Gelände schlängelt. Ein besonderes Schauspiel bietet sich den Besuchern auf den Wiesen rund um das Infozentrum: Hier grasen eigens angesiedelte Auerochsen, die Herde kann man am besten von einer Plattform mit dem Fernrohr beobachten. Die mächtigen Tiere sind die perfekten Landschaftspfleger!

Adresse Maxmühle 3, 94554 Moos, www.infohaus-isarmuendung.de | **Anreise** Autobahn A92, Ausfahrt Plattling-West, links auf die B8 in Richtung Osterhofen, links nach Moos und den Wegweisern »Infohaus« folgen. Parkplätze am Infohaus | **Öffnungszeiten** Anfang April–Ende Okt. Mi–So 10–17 Uhr | **In der Umgebung** Das Plattlinger Nepomuk-Museum zeigt in einer ehemaligen Flussmeisterstelle, wie das Leben an der Isar war. An der Wand hängt eine neun Meter lange Zeittafel, die die Geschichte der Stadt zeigt. www.plattling.de

77 Die Brauerei im Kloster Reutberg

Zusammen produzieren die Bauern ihr eigenes Bier

Bier war stets wichtig für das Kloster Reutberg. 1618 ließ Gräfin Anna von Pienzenau die fromme Stätte nahe Sachsenkam errichten, und schon 60 Jahre später baten die Nonnen auf der Anhöhe zwischen Holzkirchen und Bad Tölz die kurfürstliche Regierung, ihnen eine Konzession zum Bierbrauen zu geben. Bald wachte ein »Frater Bräu« über den Sud.

Die Biertradition überstand die Wirren der Säkularisation. Als das Kloster wieder eröffnete, wurde natürlich gebraut. Wer in Reutberg Bier trinken wollte, brauchte aber gute Nerven. Mehrfach war die Brauerei vom Aus bedroht. Nach dem Ersten Weltkrieg wurde es richtig bedrohlich, die Menschen hatten andere Sorgen, und die Brauerei blieb mangels Absatz sogar acht Monate dicht. Doch ein anständiger oberbayerischer Landwirt verzichtet nicht auf seinen Gerstensaft. Deshalb betraten die Reutberger, Greilinger und Sachsenkamer Bauern am 23. Oktober 1924 unter der Leitung von Pfarrer Joseph Alois Daisenberger unternehmerisches Neuland: 24 Mutige gründeten eine Brauereigenossenschaft als Nachfolger der Brauerei der Franziskanerinnen. Gleich im ersten Jahr zeichneten 150 Genossen Anteile, und immerhin 3.364 Hektoliter Reutberger Bier wurden produziert. Tendenz steigend. 1968 lag der Ausstoß bei 35.000 Hektolitern, 2.000 Mitglieder gab es. Was aber die Schwestern nicht daran hinderte, sich vom Braugeschäft verabschieden zu wollen. Die Pläne führten 1987 zu einem Aufstand in der Bevölkerung, es gab wütende Leserbriefe und Drohungen, den Laden anzuzünden. Die Kirche knickte ein, die Klosterbrauerei blieb. Reutberg hat ein Herz für Protestler: Die von ihrem Bauernverband enttäuschten Milchbauern haben sich im Bundesverband Deutscher Milchviehhalter zusammengeschlossen, und der BDM protestiert regelmäßig im Festzelt beim Josefi-Bock gegen allzu niedrige Milchpreise. Dann darf sogar ein linker Gewerkschafter im tiefschwarzen Oberbayern als Gastredner auftreten.

Adresse Am Reutberg 3, 83679 Sachsenkam, www.klosterbrauerei-reutberg.de | Anreise Autobahn A96, Ausfahrt Holzkirchen, B13 Richtung Bad Tölz, kurz vor Sachsenkam geht es rechts nach Reutberg weg. Parkplätze am Biergarten | Öffnungszeiten Bräustüberl Mo–So 10–24 Uhr | In der Umgebung Das Franziskanerinnenkloster Reutberg besitzt die älteste Apotheke der Welt. Einen Blick wert ist auch die Kirche von 1735 mit dem Lorettohaus. Unweit vom Kloster liegt der Kirchsee mit Badestellen.

78 Die Asamkirche in Rohr

Böhmische Mönche und barocker Kunstschatz

Wer vor der Klosterkirche in Rohr steht, fühlt sich erschlagen. Der Blick geht den Kirchturm hoch, die Kamera kann kaum das Bild einfangen, das Bauwerk sprengt die normale Objektivbrennweite. Ja, sie haben in der Romanik schon mächtig gebaut, die gottestreuen Augustiner. Im Jahr 1133 wurde das Kloster Rohr als Chorherrenstift gegründet. Ein kinderlos gebliebener lokaler Herrscher hatte beschlossen, die Gründung samt seinem Besitz dem Regensburger Bischof zu schenken, was ganz schön großzügig war. Der aus dieser Zeit stammende Turm der früheren romanischen Basilika ragt heute noch über den 3.400 Einwohner zählenden Ort Rohr hinaus. Ansonsten teilen sich Gotik und Barock den Architekturstil. 1717–1723 baute der erst 25-jährige Egid Quirin Asam, der neben Cosmas Damian andere Teil der berühmten Asam-Brüder, die Klosterkirche aus, was zur Folge hatte, dass sie heute mit ihrem Hochaltar als eine der bedeutendsten Barockkirchen in Deutschland gilt.

Mit der Säkularisation kam 1803 das Aus für die Augustiner. Im Ostflügel des Klosters zogen der Pfarrhof und eine Schule ein, im Westflügel wurde ein Wirtshaus eingerichtet. Die restlichen Gebäude rissen die neuen weltlichen Herren ab.

Rohr ruhte bis 1946 im Dornröschenschlaf. Dann kamen die Benediktiner aus dem böhmischen Braunau, die zuvor von den Tschechen vertrieben worden waren. Das erlebte Leid und die Erfahrungen der Vertreibung blieben haften – Rohr ist ein geistiges Zentrum für Deutsche und Tschechen geworden. Mit den Veranstaltungen wollen die Mönche die Versöhnung der beiden Völker unterstützen. Im Kloster kommen sudetendeutsche Gemeinschaften und Jugendliche zusammen, es gibt »Sudetendeutsche Musiktage«, und das klostereigene Gymnasium pflegt seit den 1990er Jahren einen Schüleraustausch mit Broumov/Braunau.

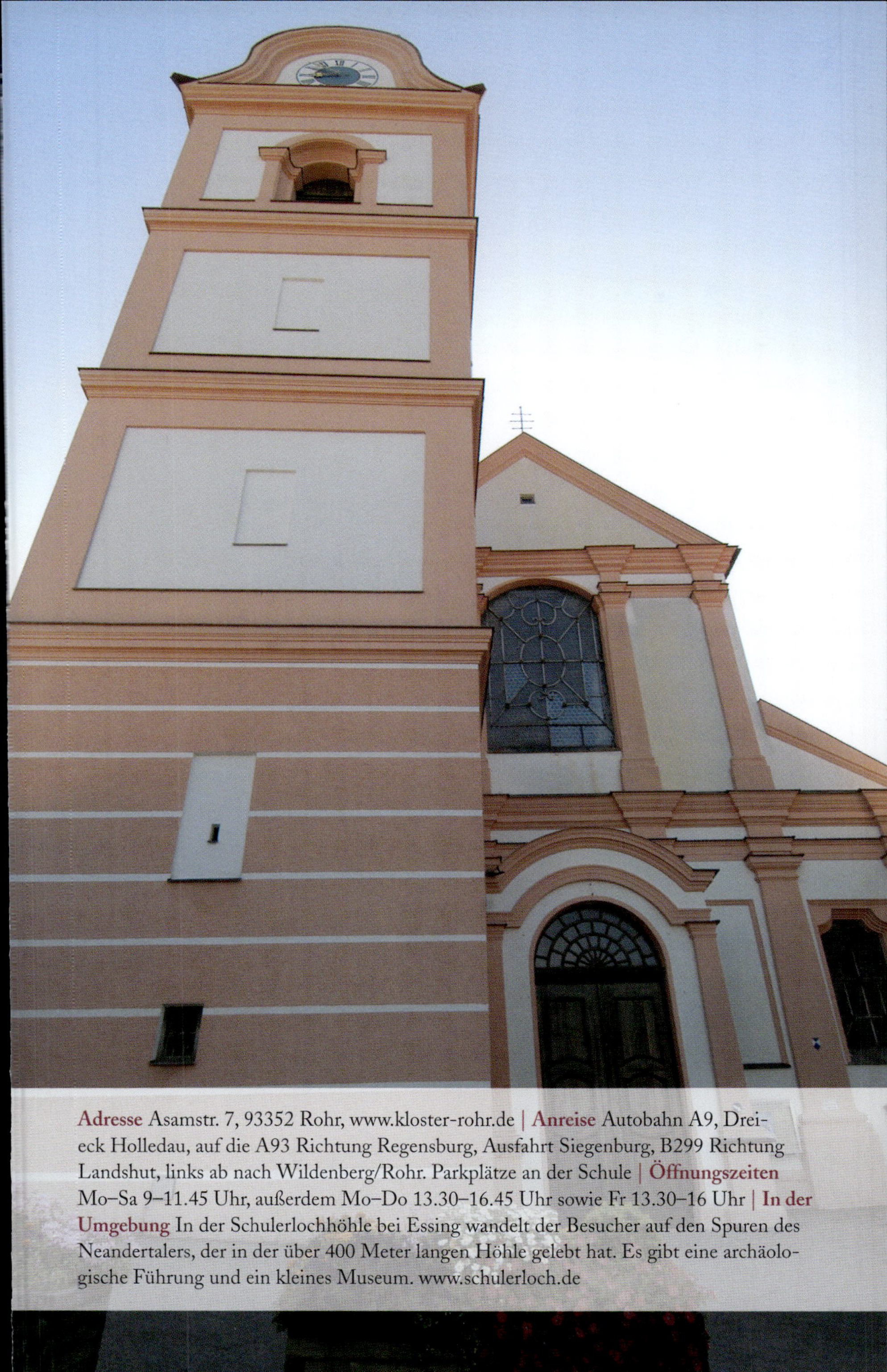

Adresse Asamstr. 7, 93352 Rohr, www.kloster-rohr.de | **Anreise** Autobahn A9, Dreieck Holledau, auf die A93 Richtung Regensburg, Ausfahrt Siegenburg, B299 Richtung Landshut, links ab nach Wildenberg/Rohr. Parkplätze an der Schule | **Öffnungszeiten** Mo–Sa 9–11.45 Uhr, außerdem Mo–Do 13.30–16.45 Uhr sowie Fr 13.30–16 Uhr | **In der Umgebung** In der Schulerlochhöhle bei Essing wandelt der Besucher auf den Spuren des Neandertalers, der in der über 400 Meter langen Höhle gelebt hat. Es gibt eine archäologische Führung und ein kleines Museum. www.schulerloch.de

79 Der Lokschuppen in Rosenheim

Denkmal und Magnet fürs kulturelle Leben

Kultur in Rosenheim »ist halbrund«. So wirbt die Stadt selbst für ihr kulturelles Herzstück: den Lokschuppen. Ziemlich lang, aus bräunlich rotem Klinker gebaut, 1.521 Quadratmeter Gesamtfläche, Terrakottafliesen auf dem Boden, 2.600 Quadratmeter großer Vorplatz für Freiluftevents aller Art – die alte Bahnremise ist ein Ausstellungsort mit einem ganz eigenen Flair.

Dabei sah es gar nicht so gut aus für das gewichtige Stück süddeutscher Eisenbahngeschichte, das 1857 erbaut wurde. Als 1860 der erste Zug auf der neuen Strecke München–Salzburg über Rosenheim fuhr, begann in der kleinen Stadt unweit des Chiemsees das industrielle Zeitalter. Bahnhof und Schuppen zeugten vom erwachenden technischen Selbstbewusstsein. Doch die halbrunde Remise musste 1878 einen schmerzhaften Karriereknick hinnehmen, als sie von der Kommune zum städtischen Lagerhaus degradiert wurde. Diverse Umbauten folgten, 1898 und 1921 zerstörten Brände Teile des Schuppens. Anfang der 1930er Jahre zogen die Archivare und Bibliothekare der Stadt in das Gebäude ein; später wurde sogar eine Turnhalle eingebaut, der weitläufige Vorplatz verkam zum Parkplatz. 1983 aber begann für den Lokschuppen ein gefeiertes Comeback: Er wurde von der Stadt in die Denkmalliste aufgenommen, per Architektenwettbewerb preisgekrönt historisch-modern renoviert und 1988 mit der weiß-blauen Jubiläumsausstellung »Die Bajuwaren« feierlich eröffnet.

Seitdem hat sich der Lokschuppen zu einem Zentrum der Kultur zwischen München und Salzburg entwickelt. Kelten, Römer und Dinosaurier – sie allen kamen schon nach Rosenheim, um sich in einer Ausstellung feiern zu lassen. Auch die Wirtschaft hat ein Auge auf das alte Stück Verkehrsgeschichte geworfen: Regionale Betriebe zeigen bei Messen in der großen Halle und auf dem Vorplatz, was sie zu bieten haben.

Adresse Rathausstraße 24, 83022 Rosenheim, www.lokschuppen.de und www.rosenheim.de | Anreise Autobahn A8, Ausfahrt Rosenheim, B15 Richtung Stadtmitte, ab Ortstafel ist Lokschuppen ausgeschildert. Parkhäuser Zentrum und Stadtcenter in der Nähe | In der Umgebung Rosenheim ist Holzstadt, 850 Studenten gibt es an der Fachhochschule im Fachbereich Holztechnik. Über die Branche informiert das Holztechnische Museum im Ellmaierhaus am Max-Josefs-Platz.

80 Die Strauß-Gruft in Rott

Wallfahrtsstätte für CSU-Fans

Die Empörung in der CSU ist in jenen Apriltagen des Jahres 2004 groß. Ausgerechnet der Freistaat selbst hat die Strauß-Gruft in Rott am Inn pfänden lassen. Diese liegt auf einem Privatgrundstück der Familie direkt neben dem Friedhof. Als Franz Josef Strauß, Ministerpräsident und Partei-Ikone, am 1. Oktober 1988 bei einem Jagdausflug umfiel und zwei Tage später starb, wurde der Bayern-Regent fünf Tage später in der Familiengruft Kaiser/Zwicknagl neben seiner 1984 verstorbenen Gattin Marianne, einer gebürtigen Zwicknagl, beigesetzt. Die Ehefrau stammte aus dem 3.800-Einwohner-Dorf Rott, ihre Familie hatte in einem Klosterflügel eine Brauerei betrieben. Das Paar hatte 1957 in der Rotter Klosterkirche geheiratet. Bis zuletzt besaß die Familie in einem der Klosterflügel ihre Privatwohnung mit direktem Zugang zur Kirche. Die Gruft befindet sich am unteren Eingang zum alten Teil des Friedhofs. Strauß ist Ehrenbürger der Gemeinde – der Weg, der von der Bahnhofstraße zum Klosterhof und zur Gruft führt, wurde nach ihm benannt.

In Rott am Inn schlagen bei der Pfändung der Gruft im Jahr 2004 die Wellen hoch. Das Finanzamt hat so reagiert, weil Strauß-Sohn Max Josef gerade in Augsburg wegen Steuerhinterziehung vor Gericht steht. Deshalb pfändet das Finanzamt seine Münchener Villa, Besitztümer und eben die elterliche Gruft. Die CSU-Granden toben in der Fraktionssitzung. Exparteivorsitzender Theo Waigel spricht von einem »Verstoß gegen die Pietät«. Landtagspräsident Alois Glück bezeichnet den Vorgang als »kulturlos«. Am Ende löst sich das Drama auf: Die Pfändung der Totengruft wird aufgehoben.

Für die Gemeinde Rott ist nach der Aufregung die Strauß-Gruft eine wichtige Attraktion geblieben. An manchen Tagen strömen bis zu 500 Besucher zum Grab des legendären CSU-Chefs. Viele Gäste schauen sich dann auch gleich die benachbarte Klosterkirche mit ihrem schönen Rokokoschmuck an.

Adresse Kirchweg, 83543 Rott am Inn, www.rottinn.de | **Anreise** Autobahn A99, Ausfahrt Haar, B304 nach Wasserburg, B15 nach Rott am Inn und zum Gemeindehaus. Parkplätze im Klosterhof | **Öffnungszeiten** Klosterkirche/Friedhof Mo–Sa 9–12 Uhr und 13.30–17 Uhr, So 11–18 Uhr | **In der Umgebung** Neben der Klosterkirche ist das Kulturprojekt Rotter Achse. Geschaffen wurde ein freier Blick vom Abt-Brunnen über den Kirchzugang und durch das Rathaus durch, dann weiter über den Klosterweg zu einer Zeit-Stele am Friedhofseingang. Auf der Zeitachse stehen Daten, Namen und Texte zur Dorfgeschichte.

81 Der Milchweg in Rottenbuch

Werbung für die Bauern

Das Ammertal bei Rottenbuch hat Klöster, Kirchen, Wiesen, Kühe – und einen Pfaffenwinkler Milchweg. Bayerns erster seiner Art ist eine Werbung für die Landwirtschaft. Vier Kilometer lang ist der Rundkurs, entlang der durchgängig asphaltierten Strecke (leicht mit dem Kinderwagen zu erkunden, aber Hunde gehören an die Leine) wurden zehn Infostationen aufgebaut. Hier lernen die Stadtkinder, dass die Kuh nicht lila ist und Milch nicht im Tetra Pak daherkommt.

Gezeigt wird vielmehr der Weg des weißen Lebensmittels, von dem die Region mit ihren 1.200 Milchbetrieben trotz Discountern und fallender Preise noch immer mehr recht als schlecht lebt, von der Kuh bis zum Verbraucher. Initiiert wurde das Projekt im Jahr 2009 nicht von oben herab, sondern von den Landfrauen des heimischen Bauernverbands. Ihr Ziel war ehrgeizig: zeigen, wie viel Arbeit die Bauern in die Milch stecken, und Verständnis für die Situation der notleidenden Branche wecken. Die EU fand die Idee gut und gab Geld aus dem Leader-Programm.

Doch nicht nur die Milch macht's hier in Rottenbuch. Es geht ums Futter und Wasser für das liebe Vieh, aber auch um den Weg vom Kalb zur Kuh. Auch Ziegen haben ihren Platz und die Waldarbeit ebenso. Hier findet jeder etwas Wissenswertes – egal ob nun mit bäuerlichem Vorwissen gerüstet oder als unbedarfter, aber interessierter Wochenendausflügler aus der Stadt. Oder hätten Sie gewusst, wie viel Liter eine Kuh pro Tag saufen muss? Dafür sorgen Erklärungstafeln und zusätzliche Erlebnisse: Ein Riesenmemory und ein Quiz fordern clevere Köpfe, man darf dem Klang von unterschiedlichen Kuhglocken nachhören und an einer Plastikkuh melken. Weil man auf dem Milchweg eine Menge selbst ausprobieren kann und Unterhaltung großgeschrieben wird, ist der Rundgang hervorragend für Kinder geeignet. Übrigens: Eine Kuh braucht 80 bis 120 Liter Wasser am Tag.

Adresse 82401 Rottenbuch. www.rottenbuch.de und www.pfaffenwinkler-milchweg.de | **Anreise** Autobahn A96, Ausfahrt Landsberg-West, B17 bis Peiting, B23 in Richtung Garmisch-Partenkirchen. Oder A95, Abfahrt Sindelsdorf, B472 Richtung Peißenberg/ Schongau, in Peiting auf die B23. In Rottenbuch am Fohlenhof oder an der Käsealm (ausgeschildert) parken | **Öffnungszeiten** Der Milchweg ist ganztägig begehbar. Allerdings wird die Strecke im Winter nicht geräumt | **In der Umgebung** Die Schönegger Käsealm in Rottenbuch hat einen Panoramablick und Käse aus eigener Herstellung. Im Sommer Schaukäsen. Zum Baden geht es in den nahen Schwaigsee. www.schoenegger.com

82 Der Titanic-Priester von Scheyern

Pater Joseph Peruschitz schrieb Weltgeschichte

Der Mantel der Geschichte flatterte mehrfach im Kloster Scheyern bei Pfaffenhofen an der Ilm. Seit 1180 wird hier ein byzantinisches Goldkreuz mit einem Partikel des heiligen Kreuzes Christi vom Berg Golgatha als Reliquie aufbewahrt. Hier stand einst die Stammburg der Grafen von Scheyern, und das waren immerhin die Vorfahren der Wittelsbacher. Scheyrer Kreuz und Bayern-Herrscher – okay, das ist bekannt. Wer aber durch den Kreuzgang wandelt, muss aufpassen, dass er nicht achtlos an moderner Zeitgeschichte vorbeigeht. Eine schlichte Steinplatte hängt dort an der Wand. »Qui in nave ista Titanica […] pie se devovit« steht in den Solnhofer Kalk gemeißelt. Der Satz erinnert an Pater Joseph Peruschitz, »der auf diesem Schiff Titanic gottesfürchtig sein Leben hingegeben hat«.

Die Tragödie um den Luxusdampfer, der am 15. April 1912 im Nordatlantik mehr als 1.500 Menschen mit sich riss, erreichte das beschauliche Benediktinerkloster in Oberbayern. Peruschitz, 1871 in Straßlach geboren, wurde in Scheyern am 28. April 1895 zum Priester geweiht und arbeitete im Kloster als Erzieher und Lehrer. Am 8. April 1912 bestieg der Geistliche in Southampton die »Titanic«. Peruschitz war im Auftrag des Herrn unterwegs: Sein Orden hatte ihn für die St. John's Preparatory School in St. Cloud/Minnesota angefordert. Der bayerische Pater hielt ein Billett – dritter Klasse, Nummer 23739,3 – in der Hand, das er beim Münchener Reisebüro Bierschenk gekauft hatte. Doch der 41-jährige Pater sollte sein Ziel nie erreichen.

Während der Überfahrt hielten Peruschitz und ein Amtskollege Messen auf der »Titanic« ab. Als der Dampfer nach der Kollision mit dem Eisberg sank, wurde der Mann Gottes zu einem der Helden: Peruschitz ging durch die Kabinen und spendete Trost, bis zum Schluss betete er auf dem Deck mit den Zurückgebliebenen. Der Pater starb beim Untergang, sein Leichnam wurde nie geborgen.

Adresse Schyrenplatz 1, 85298 Scheyern, www.kloster-scheyern.de | Anreise Autobahn A9, Ausfahrt Allershausen, links nach Hohenkammer, rechts auf die B13 Richtung Pfaffenhofen, Abzweigung nach Ilmmünster bis Scheyern. Parkplätze vorm Kloster | In der Umgebung Seit 2006 brauen die Mönche wieder ihr eigenes Bier. Getestet werden kann das Ergebnis am besten im Biergarten der Klosterschenke. www.klosterschenke-scheyern.de

83 Der Klostergarten in Schlehdorf

Meditieren in der Kräuterspirale

Umgeben von grünen Wiesen und Moor, flankiert von Kochelsee und Bergen: Schlehdorf hat unverschämtes Glück mit seiner Lage. Die mächtigen Doppeltürme des Klosters und der Pfarrkirche St. Tertulin beherrschen das Bild. Das Kloster ist der Schatz des Dorfes und auch in der jetzigen Zeit ein wichtiger Teil davon. Denn die Missionsdominikanerinnen haben sich bewusst geöffnet: Laden, Kloster auf Zeit, Kurse, Konzerte und nicht zuletzt der Kräutergarten bringen Besucher.

Wer sich als Gast im Kloster aufhält, bekommt es zwangsläufig mit der Natur im Garten zu tun. Nicht nur, dass die Bewohner des Gästehauses täglich eine Tasse frischen Tee aus klostereigenen Kräutern bekommen. Jeder ist eingeladen, zwischen Zitronenmelisse, Petersilie, Kerbelkraut und Basilikum umherzuschlendern und die Ruhe auf einer der Sitzbänke zu genießen. Mehr als 40 Kräuterarten, von Schnittlauch über Hauswurz, Salbei, Johanniskraut bis Estragon, gedeihen fein säuberlich mit Schildern kenntlich gemacht im Garten. Die etwas versteckt gelegene Anlage ist immer geöffnet, man sollte nur an der Klosterpforte nach dem Weg fragen. Den besten Blick auf den Kräutergarten hat man von den Gästezimmern im ersten Stock von Haus Dominikus: Von dort eröffnet sich dem Betrachter die besondere Ausrichtung des Gartens mit seiner kreisrunden Form. Sechs Wege führen durch den Garten; alle treffen sich in der Mitte, wo eine Kräuterspirale steht. Die Schwestern haben sich so einen »meditativen Kräutergarten« angelegt, wie sie es nennen.

Seit 1902 leben die Missionsdominikanerinnen in Schlehdorf. Sie führen eine Realschule, das Kloster ist ein Ort der Kunst und Musik – jährlich treten Jazzgrößen bei den »Internationalen Musiktagen« im Rosengarten auf. Eine schöne Erinnerung an den Besuch ist das »Schlehdorfer Kochbuch«, das es im Klostergarten gibt: 1934 legten die Schwestern die erste Auflage mit historischen Rezepten auf.

Adresse Kirchstraße 9, 82444 Schlehdorf, www.schlehdorf.org | **Anreise** Autobahn A95, Ausfahrt Murnau, links nach Großweil/Schlehdorf. Parkplätze an der Schule | **Öffnungszeiten** Mo–So 8–19 Uhr (Pforte, Klosterladen) | **In der Umgebung** Bauernhäuser, Almen, Mühlen, Kapellen: Das Freilichtmuseum des Bezirks Oberbayern auf der Glentleiten zeigt, wie das Leben auf dem Land früher war. www.glentleiten.de

84 Die Flugwerft in Schleißheim

Neues Leben auf dem alten Fliegerfeld

Der Traum vom Fliegen wird in Oberschleißheim wahr. Auf dem alten Flugplatz hat das Deutsche Museum einen großen Teil seiner Luftfahrtsammlung ausgelagert. Fliegen hat hier auf dem flachen Land im Norden von München eine lange Tradition: Schon 1912 wurde die Anlage für die Königlich-Bayerischen Fliegertruppen gebaut. Platz und Werft gehören damit zu den ältesten Einrichtungen in Deutschland. Schleißheim war nach dem Zweiten Weltkrieg US-Stützpunkt, später kam die Bundeswehr. Als 1988 der Platz aufgelassen wurde, drohten die Gebäude zu verfallen. Doch glücklicherweise wurden die historische Werfthalle und die Kommandantur restauriert, und 1992 zog das Museum ein.

Keine Angst, in Schleißheim stehen Flugmodelle nicht langweilig herum und dürfen lediglich ehrfurchtsvoll bestaunt werden. Die Mitarbeiter lassen sich nämlich bei ihrer Restaurierungsarbeit über die Schulter blicken. In der »Gläsernen Werkstatt« können Besucher von der Galerie der Halle aus live das Werkeln am technischen Objekt beobachten. Mit ein bisschen Glück steht dort nicht nur gerade ein Flugzeug, sondern auch eines der Stücke aus der Raumfahrtsammlung, denn um die kümmern sich die Experten gleich mit. Die Tüftler haben gut zu tun, aus der Werkstatt kamen in jüngster Zeit frisch aufpoliert die Parabolantenne des Funkmessgeräts »Würzburg-Riese« mit 7,5 Metern Durchmesser, der seltene Senkrechtstarter Dornier DO31, der Nurflügler Horten IX und ein spanischer Casa-Bomber.

Gerade für Kinder und Jugendliche ist der Besuch eine spannende Sache. Kein Wunder, wenn man in ein echtes Cockpit steigen und Pilot spielen darf. Dann heißt es Landeklappen bedienen und genau auf den Höhenmesser achten. Für Kinder werden zudem Extra-Führungen angeboten. Auch für Erwachsene interessant sind die Kurse im Bau von Flugmodellen und Raketen. Klar, dass am Ende ein richtiger Start auf dem Programm steht.

Adresse Effnerstraße 18, 85764 Oberschleißheim, www.deutsches-museum.de | Anreise Autobahn A99, Ausfahrt Neuherberg, den Schildern folgen über Jägerstraße und Ferdinand-Schulz-Allee zur Flugwerft. Mit der S-Bahn S1 von München-Hauptbahnhof, von der Haltestelle Oberschleißheim 15 Minuten zu Fuß | Öffnungszeiten Mo–So 9–17 Uhr. Kostenlose Führungen Mo–Fr 10.30, 11.30, 14.30 und 15.30 Uhr | In der Umgebung Aus der Luft betrachtet wirkt sie wie eine riesige Badewanne. 2500 Meter lang ist die Olympia-Ruderstrecke in Oberschleißheim, die für 1972 ins platte Land gesetzt wurde. Das Areal mit dem See ist ein beliebtes Ausflugsziel.

85 Die Whiskybrenner vom Schliersee

»Slyrs« schmeckt nach Bergen

Am Anfang war eine etwas abstruse Idee: Ein gelernter Bierbrauer und Destillateurmeister in Schliersee wollte einen bayerischen Malz-Whisky schaffen. Die Umgebung schien für das Vorhaben geradezu ideal: Sauberes Wasser aus der Bannwaldquelle am Fuß der Alpen und die klare Bergluft gibt es hier nämlich im Überfluss. Im Jahr 1999, nach einigen Fehlversuchen, wie das Unternehmen selbst einräumt, war es endlich so weit: Das Destillat aus den kupfernen Brennkesseln passte. Der Oberbayern-Malt »Slyrs« war geboren. Geruch und Geschmack sind allerdings schwer zu beschreiben, auf jeden Fall einzigartig. Die Destillerie selbst verrät nichts darüber. Warum auch? Es passt doch. Oberbayern meets Scotland und verliert dabei nicht seine Ursprünglichkeit. Schließlich wollen die Brenner vom Schliersee keinen schottischen Malt oder Bourbon nachmachen, wie sie selbst betonen, sondern in den amerikanischen 225-Liter-Weicheichenfässern etwas eigenständig kreieren.

Doch der Genuss ist limitiert. Weil Whisky nach den Vorgaben des Gesetzes mindestens drei Jahre zu lagern hat, kommt immer nur eine kleine Anzahl von abgefüllten Flaschen auf den Markt. Bald wollen die Schlierseer Brenner auch einen Whisky mit einer zwölfjährigen Lagerzeit in die Fässer füllen.

Die Destillerie kann besichtigt werden. Bei einer Führung bekommt man die Einrichtung fachkundig erklärt. Eigens aufgestellte Tafeln an den Gerätschaften geben weitere nützliche Infos. Im Verkaufsladen gibt es aber nicht nur den edlen »Slyrs«. Der Renner im Regal sind die »Bayerischen Guadl«, kleine Bonbons mit einem feinen Karamellgeschmack – und natürlich mit einem Hauch von Whisky versehen. Übrigens: Der Name »Slyrs«, gesprochen »Schliers«, soll von den Mönchen kommen. Die nannten ihr Kloster in der Nähe so. Das moderne »Wasser des Lebens« passt gut zu den frommen Männern der Vergangenheit.

Adresse Bayrischzeller Straße 13, 83727 Schliersee, Tel. 08026/9222795, www.slyrs.de | **Anreise** Autobahn A8, Ausfahrt Weyarn, Richtung Miesbach, B307 nach Schliersee, am Ortsende von Neuhaus liegt die Destillerie auf der linken Seite. Parkplätze vorm Haus | **Öffnungszeiten** Laden Mo-So 10-18 Uhr (auch Feiertag). Besichtigung Distillerie Mo-So 10–17 Uhr | **In der Umgebung** Auf dem Friedhof St. Martin in Westenhofen liegt das Grab des berühmten Wildschützen Georg Jennerwein. Der war Holzarbeiter und ein guter Schütze. Aber die Wilderei konnte ihm keiner nachweisen. Am 6. November 1877 wurde er laut Gerichtsakten von seinem früheren Freund Johann Josef Pföderl erschossen.

86 Der Schlosspark von Schönau

Englischer Stil vom Hofgärtner

Lustwandeln im Schlosspark: Das ist im Wasserschloss Schönau nördlich von Eggenfelden möglich. Der Park wurde von Carl Joseph Effner im Stil englischer Landhausgärten angelegt. Der Mann verstand etwas von seiner Arbeit, immerhin war er Oberhofgärtner in München und später gar Direktor der Hofgärten unter König Ludwig II. Dass solch ein Landschaftsarchitekt im kleinen Schönau wirkte, war schon etwas Besonderes, denn Effner hatte genug mit den Aufträgen des Märchenkönigs etwa für die Gärten der Schlösser Linderhof und Herrenchiemsee zu tun.

Das Schönauer Wasserschloss ist im Kern eine mittelalterliche Anlage aus zwei Wohntrakten mit Staffelgiebeln und einem hohen Turm mit sieben Etagen. Vermutet wird, dass die ältesten Bereiche des Anwesens auf die Zeit um 1480 zurückgehen. Schönau ist seit 1670 im Besitz einer Adelsfamilie beziehungsweise von deren Nachkommen. 1867 wurde der königliche Gärtner Effner beauftragt, eine Parkanlage im Stil eines englischen Landschaftsgartens zu schaffen. Für den Schönauer Park suchte er sich ein großes Vorbild aus: den Englischen Garten in München.

In den Jahren 1901 bis 1903 rückten die Arbeiter letztmals an, um das Wasserschloss grundlegend umzubauen. Vor allem der Park wurde erweitert, der Weiher geschwungen gestaltet und ein Pavillon gebaut. Das Faszinierende am Schlosspark ist die Mischung aus heimischen und exotischen Bäumen: Kiefer, Ulme, Buche und Eibe wachsen da neben amerikanischen Eichen, japanischen Lärchen und Sumpfzypressen. Besonders eindrucksvoll ist eine riesige Blutbuche. Kein Wunder, dass das Ensemble unter Landschaftsschutz steht. Das Schloss war ein Jobmotor: Früher waren 50 Angestellte nur für Park und Garten zuständig. Seit den 1930er Jahren ist der Park öffentlich zugänglich. Die Schönauer nutzten die grüne Oase auch gern: Lange Zeit wurde im Park das Volksfest gefeiert.

Adresse Schlossstraße, 84337 Schönau. www.gemeinde-schoenau.de | **Anreise** Autobahn A9, Kreuz Neufahrt auf die A92, Ausfahrt Landau, B20 Richtung Eggenfelden, in Falkenberg links Richtung Schönau/Dietersburg, in Schönau kurz vor der Hauptkreuzung rechts in die Schlossstraße. Parkplätze am Parkeingang | **Öffnungszeiten** Park Mo–So 8–20 Uhr. Der Eintritt ist frei, aber bitte den Privatbereich des Anwesens respektieren! | **In der Umgebung** Das Landmaschinenmuseum in Mitterrohrbach zeigt eine legendäre Sammlung von Lanz-Traktoren. Manches Exponat vom »Lanz Leo« wirkte schon im TV und Kino mit. www.lanz-leo.de

87 Der Indianer in Schongau

Ein seltsamer Putto in der Stadtpfarrkirche

Man muss nicht unbedingt zur Wieskirche pilgern, um oberbayerische Kirchenpracht zu erleben. Schongaus Stadtpfarrkirche Mariae Himmelfahrt am Marienplatz wurde ebenso wie das berühmte Unesco-Weltkulturerbe ein paar Kilometer weiter südlich von Dominikus Zimmermann im Jahr 1753 im barocken Stil umgebaut – und ist ebenso beeindruckend mit Stuck, Schnitzereien und Malereien verziert.

Die Schongauer Kirche zählt zu den Höhepunkten sakraler Architektur im Pfaffenwinkel. Aber es gibt im Inneren noch mehr zu entdecken als die prachtvolle Ausschmückung. Es lohnt sich, die Blicke schweifen zu lassen. Wer sich gleich nach dem Eintritt nach rechts zum Seitenaltar wendet, der entdeckt einen Goldputto. Die Figur sieht eindeutig wie ein Indianer aus. Warum der »Apostel der Indianer« hier am Lech steht, ist allerdings ein Rätsel.

Oben unter der Chordecke spielt das Fresko mit einem kirchenpolitisch sensationellen Detail: Der berühmte Matthäus Günther hat den Heiligen Geist als barocken Kavalier dargestellt. War der Künstler entweder ein mutiger Revoluzzer, oder hatte er etwas Wichtiges verschlafen? Denn diese Darstellungsform war bereits 1745 vom Vatikan als Irrglaube verboten worden.

Und noch was Besonderes: In der Schongauer Kirche stehen wie in früheren Zeiten prächtige Zunftstangen. Da gibt es die Schmiede, Bierbrauer, Zimmerer und Bäcker. Was es halt alles in einer Handelsstadt brauchte. Schongau ging es gut, wie das mittelalterliche Häuserensemble und die wehrhafte Stadtmauer mit den fünf verbliebenen Türmen, die man begehen kann, beweisen. Die getäfelte Ratsstube von 1515 im Ballenhaus am Marienplatz zeugt von dem Reichtum der Stadt. Auch wenn die Holzfarbe nicht mehr authentisch ist: Früher waren die Holzbretter nachtschwarz vom Ochsenblut, das zum Schutze aufgetragen wurde.

Adresse Kirchenstraße 23, 86956 Schongau, www.schongau.de | Anreise Autobahn A96, Ausfahrt Landsberg-West, B17 in Richtung Schongau/Füssen, Ausfahrt Schongau-Süd in Richtung Altstadt, Parkplätze in der Münzstraße | Öffnungszeiten Mo–So 9–17 Uhr | In der Umgebung Johann Hartmann hat mehr als 30 historische Kutschen und Schlitten in seinem Privatmuseum in Schwabsoien stehen. Die meisten Kutschen stammen aus dem 18. und 19. Jahrhundert und werden noch eingespannt. www.schwabsoien.de

88 Das Spargelmuseum in Schrobenhausen

Hier dreht sich alles ums Spitzengemüse

Die Schrobenhausener waren Spätzünder beim Spargel. Diokletian gab schon im Jahr 304 eine »Spargelhöchstpreisverordnung« aus, im Mittelalter war das »essbare Elfenbein« Heilpflanze – aber erst 1913 kam das nordöstlich von Augsburg gelegene Schrobenhausen zum Spargel. Damals kaufte sich der Mathematiker Christian Schadt aus Groß-Gerau ein Gut und zog aus Samen seltsame Pflanzen. Er setzte das Zeug in den Boden, und dann passierte erst mal – nichts. Aber nach drei Jahren erntete der Großbauer den ersten Spargel, und es begann der Siegeszug des weißen Edelgemüses in den sandigen Böden mit seinem perfekten Schluff- und Lehmanteil um Schrobenhausen, von der Aichacher Gegend bis in die Hallertau.

Heute zählt die Gegend rund 600 Spargelbauern, die Schrobenhausener sind das größte Anbaugebiet in Bayern. Außerdem haben sie seit 1985 ein Spargelmuseum. Es war das erste seiner Art! Spargel wird hier wahrlich zur Kultur. Das Museum wurde im Amtsturm am Pflegschloss untergebracht, nur wenige Schritte entfernt vom Geburtshaus des Malerfürsten Franz von Lenbach. Auch das ist Schrobenhausen: Der Museumsturm ist einer von zwölf übrig gebliebenen Exemplaren der alten Stadtbefestigung, und auf dem Wall lässt es sich wunderbar unter den 1825 gepflanzten Kastanien und Linden rund um den Ort schlendern.

Aber vorher wird im Spargelmuseum Gemüsegeschichte gelernt. Im Erdgeschoss erfährt der Besucher alles über Anbau, Ernte und Botanik der Edelpflanze. Dann geht es die Treppe hoch, und den Besucher empfängt kostbares Geschirr für den Spargelgenuss. Der Adel bettet nämlich seinen Spargel mit Vorliebe auf teures Meißener Porzellan, der russische Hofjuwelier Fabergé fertigte extra eine Spargelzange für die Tänzerin Anna Pawlowa, und der Jugendstil brillierte mit Spargeltellern. Zum Abschluss wird eine Etage höher unterm Dach des Museums klar, dass auch die Maler dem »essbaren Elfenbein« verfallen waren.

Adresse Am Hofgraben 1a, 86529 Schrobenhausen, www.schrobenhausen.de | **Anreise** Autobahn A8, Ausfahrt Dasing, B300 Richtung Aichach/Schrobenhausen | **Öffnungszeiten** Mai–Juni Mo–So 10–17 Uhr, Juli–April Mi, Sa, So 14–16 Uhr | **In der Umgebung** In Unterwittelsbach bei Aichach steht das Sisi-Schloss, das 1838 Herzog Max in Bayern kaufte. Hier tollte Elisabeth, die spätere Kaiserin von Österreich, durch den Garten. www.aichach.de

89 Der Malerweg in Sindelsdorf

Eine Gartenlaube und »Der Blaue Reiter«

Am Anfang herrschte doch eine gewisse Skepsis in Sindelsdorf. Eine alte Gartenlaube zu restaurieren erschien manchem Einwohner in dem kleinen Ort zwischen Penzberg und Murnau doch ein wenig aufwendig. Doch das unscheinbare und windschiefe Holzgebäude hatte es in sich: Schließlich handelt es sich um die wohl berühmteste Gartenlaube der Welt. In ihr hoben die Maler Franz Marc und Wassily Kandinsky, der mit Gabriele Münter im nahen Murnau wirkte, im Jahr 1911 die Künstlervereinigung »Der Blaue Reiter« aus der Taufe. An Marc und die Expressionisten erinnert der Sindelsdorfer Malerweg. Der fünf Kilometer lange Rundweg führt an zwölf Stationen vorbei, die mit dem Wirken der kreativen Dorfbewohner zu tun hatten.

Franz Marc hatte Sindelsdorf 1909 entdeckt. Die Mooslandschaft, das blaue Licht der Wiesen- und Berglandschaft, die Pferde und Rehe, all das zog ihn magisch an. Marc quartierte sich beim Schreiner Niggl ein und richtete sich im ersten Stock sein Atelier her.

Das Haus steht noch immer, genauso wie die kleine Laube. Allerdings wurde der Holzverschlag nach der Renovierung vorsichtig auf einem Anhänger mit dem Traktor an einen neuen Platz, natürlich an die Franz-Marc-Straße, gezogen. An ihr führt der Malerweg vorbei. Start ist am Kulturpavillon bei der Kirche, wo über das Leben der Künstler im Dorf informiert wird. Interessant sind die Anblicke der Off-Mühle und der traditionell aufgetürmten Strahdrischen (Strohhaufen) am südlichen Ortsrand. Wer genau hinschaut, erkennt beide Motive auf einigen Bildern Marcs wieder. Im nahen Gasthof »Post« kehrten die Künstler ein, wenn sie gerade mal wieder zu Geld gekommen waren.

Ansonsten saßen sie bei Marc in der Gartenlaube. So auch an jenem Nachmittag des Jahres 1911, als bei Kaffee und Kuchen »Der Blaue Reiter« gegründet wurde. Franz Marc verließ Sindelsdorf 1914. Zwei Jahre später fiel er im Ersten Weltkrieg vor Verdun. Er liegt in Kochel begraben.

Adresse 82404 Sindelsdorf, www.sindelsdorf.de | **Anreise** Autobahn A95, Ausfahrt Sindelsdorf, rechts in den Ort rein, gleich links in die Franz-Marc-Straße. Parken an der Fahrbahn | **Öffnungszeiten** Der Malerweg und die Gartenlaube sind täglich zugänglich | **In der Umgebung** Zu einem Malerweg-Besuch gehört das Franz-Marc-Museum in Kochel. Es wurde 2008 erweitert. www.franz-marc-museum.de

90___Die Linde in St. Kastl

Ein wundertätiger Baum

Wer auf der A9 von München nach Norden braust, sollte bei der Abfahrt Langenbruck die achtlose Schnellfahrt unterbrechen. Denn nach einigen Minuten taucht St. Kastl auf. Drei Bauernhäuser, ein Wirtshaus, laut letzter Zählung 20 Einwohner, aber zwei Gotteshäuser – und die »1.000-jährige Linde«.

Um den Baum, der östlich des Kirchenchors aufragt, rankt sich eine wundersame Begebenheit: In dem hohlen Stamm der St.-Kastl-Linde erschien einem Hirten der heilige Kastulus und heilte dessen Vieh. Kastulus, der christliche Märtyrer, ist Patron der Hallertau, der Hirten und Bauern und wurde als Heiliger zum Schutz vor Blitz und Pferdedieben angerufen. Selbst die Rossdiebe hielten sich an den frommen Mann. Besagtem Hirten half es damals und dem Weiler als Wallfahrtsort ebenso. Denn St. Kastl wurde ein beliebtes Ziel der Gläubigen. Alles begann, als um das Jahr 1030 eine Reliquie des heiligen Kastulus in die Hallertau kam. Aufbewahrt wurde das Stück zuerst in der älteren Vorgängerin der heutigen spätgotischen Kirche, die 1447 geweiht wurde. Der Altar stammt von 1671, die Seitenaltäre ebenfalls aus dem 17. Jahrhundert. Beachtenswert sind die Votivtafeln, die bis 1686 zurückreichen. Neben der Kirche steht die im 17. Jahrhundert erbaute barocke Wallfahrtskapelle.

Ein Tipp: Nicht nur der Blick vom meist offenen Vorraum in das barocke Innere der Kirche lohnt sich. Schauen Sie am Turm mit der Sonnenuhr hoch. Wer entdeckt die Kanonenkugel, die seit dem Dreißigjährigen Krieg im Mauerwerk steckt?

Beim Bau der Autobahn Mitte der 1930er Jahre von München nach Berlin wurde übrigens auf Höhe der Wallfahrtsstätte extra ein Parkplatz mit direktem Zugang zu Kirche und Kapelle gebaut. Den Parkplatz gibt es nicht mehr, dafür steht noch die wundersame Linde. Aber die 1.000-Jahr-Angabe ist übertrieben – der Baum dürfte lediglich 400 bis 500 Jahre auf dem Buckel haben.

Adresse 85084 Reichertshofen-Langenbruck. www.reichertshofen.de | **Anreise** Autobahn A9, Ausfahrt Langenbruck oder über die B300 Augsburg-Geisenfeld nach Langenbruck. St. Kastl ist in der Ortsmitte ausgeschildert. Parkplatz unterhalb der Kirche | **In der Umgebung** Gemütliche, flache Radtour durch das Paartal von Reichertshofen in Richtung Schrobenhausen. An den Badeseen Heideweiher und Baarer Weiher kann man relaxen. www.landkreis-pfaffenhofen.de

91 Der Klosterbahnhof in St. Ottilien

Haltestelle für die Mission

Wer am Bahnhof St. Ottilien steht und auf die Ammerseebahn wartet, die hier bei Geltendorf ihre Trasse hat, dem kann es passieren, dass neben ihm ein freundlicher Mann Platz nimmt. Schnell stellt sich heraus, dass der Herr ein Missionar und auf dem Weg nach München ist, wo sein Flug zum Afrikaeinsatz startet. St. Ottilien ist die Erzabtei und Zentrale des Ordens der Missionsbenediktiner. Die fromme Stätte hat sogar eine eigene Bahnstation – ebenjenes kleine schmucke Häuschen an der Bahnstrecke Mering–Geltendorf–Weilheim.

Wer das Kloster besucht, sollte sich unbedingt den Bahnhof anschauen. Er ist ein Schmuckstück des oberbayerischen Eisenbahnnetzes und wurde 1938 im »Heimatstil« errichtet. Mit seinem prächtigen Blumenschmuck, der liebevoll von Anwohnern gepflegt wird, hebt er sich wohltuend von der Tristesse mancher Bahnanlagen ab.

Das erste Bahnhofsgebäude in St. Ottilien wurde 1898 gebaut und war noch aus Wellblech. Das Kloster hatte mächtig Druck gemacht, weil es eine bessere Verkehrsanbindung wünschte. 1922 entstand das Bahnwärterhaus. Der Baustil wurde an der Strecke gleich sechsmal verwendet. Als Nächstes gab es ein Bahnhofsgebäude aus Holz, das aber bald vom jetzigen Steinbau abgelöst wurde. Das Besondere an dem Gebäude ist das große Bild an der Südseite: Das Kloster wünschte sich nämlich ein passendes Motiv – so wurde ein Missionar in Afrika mit Eingeborenen gemalt.

Das Kloster selbst wartet auch mit einigen Besonderheiten auf. Die Missionsbenediktiner, die 1886 in das ehemalige Schlösschen eingezogen waren, wachen über ein ganzes Klosterdorf. St. Ottilien zählt mit Mönchen, Schwestern, Schülern, Lehrlingen, Arbeitern und Gästen an die 600 Einwohner. Es gibt eine eigene Landwirtschaft, Gärtnerei, Druckerei, ein Gymnasium – und eine Kloster-Feuerwehr. Die Mönche sind schon seit 1907 als Helfer im Notfall aktiv.

Adresse 86941 St. Ottilien, www.erzabtei.de | **Anreise** Autobahn A96, Ausfahrt Windach, Richtung Eresing/Türkenfeld, rechts nach St. Ottilien. Parkplätze am Kloster | **Öffnungszeiten** Der Bahnhof ist ganztägig geöffnet. Klosterladen Mo–Fr 10–12 und 13.30–17 Uhr, Sa 10–12 und 13.30–16 Uhr, So, Feiertage 10.30–12 und 13.30–16 Uhr, Missionsmuseum Mo–So 10–12 Uhr und 13–17 Uhr. Hofladen Mo–Fr 8–11.30 und 13.30–17 Uhr, Sa 8–11.30 Uhr | **In der Umgebung** Von ihren Reisen nach Afrika und Asien brachten die Mönche allerlei mit. Die Exponate werden im Missionsmuseum gezeigt. Weltlicher ist der Hofladen mit den Klosterprodukten.

92 Die Steinpyramiden in Steinbach

Klein-Kairo an der Isar

Nur ein unscheinbares Schild mit einem handgemalten Pfeil weist bei Steinbach den Weg vom Uferweg hinunter zur Isar – und zu einem seltsamen Kunstwerk. Auf einer Kiesbank inmitten der idyllischen Flussaue erwartet einen ein überraschender Anblick. Man wähnt sich in Tibet oder in Nordeuropa, aber nicht im Isartal, fast genau zwischen Lenggries und Bad Tölz. Am Fluss stehen Steinpyramiden, so weit das Auge reicht! An die 50 Exemplare finden sich ordentlich aufgereiht, die meisten mannshoch. Bis zu 2,50 Meter reichen die tonnenschweren Haufen in die Höhe. Fein säuberlich wurden hunderte von blank gewaschenen Flusssteinen aufgeschichtet. Scheinbar ohne System, aber dann entdeckt der Besucher ordentlich angelegte Wege und sogar eine Steinmauer.

Hinter den seltsamen Pyramiden steckt Karl-Heinz Fett. Der Mann ist ein echtes Original am urbayerischen Fluss. Der gebürtige Hamburger schuftete früher im Ruhrpott unter Tage, bevor er zu Verwandten nach Wolfratshausen kam. Dort hatte er Schwierigkeiten und haute ab. Fett hauste bei Lenggries im Wald, bis er in einer sozialen Einrichtung unterkam. Der einstige Obdachlose hatte schon immer ein Faible für Steine, das kam wohl von der Bergarbeiterzeit. Aus dem Vagabunden wurde ein Künstler: Kaum ist das Wetter schön, kümmert sich der Pyramidenbauer um seine Werke. Fett trotzt dabei den Launen der Natur. Denn nach jedem Hochwasser, und davon hat die Isar zum Leidwesen der Anwohner nicht wenige zu bieten, schichtet er seine Steine neu auf. Mittlerweile ist der einstige Vagabund eine lokale Berühmtheit – und seine Isar-Pyramiden ein beliebter Treffpunkt und Fotomotiv. »Klein-Kairo«, wie es die Einheimischen liebevoll nennen, schaffte es sogar ins Bayerische Fernsehen, und selbst die Behörden beschäftigten sich mit den Werken. »Dem Gewässer an sich passiert dadurch nichts«, erteilte das zuständige Wasserwirtschaftsamt dem Künstler seinen Segen.

Adresse 83646 Wackersberg, www.wackersberg.de | **Anreise** Autobahn A95, Ausfahrt Sindelsdorf, auf der B472 nach Bad Tölz, rechts weg Richtung Wackersberg/Arzbach. In Steinbach parken und zu Fuß zum Isaruferweg. Achtung: Das handgemalte Schild ist leicht zu übersehen. Tipp: Nehmen Sie etwas Kleingeld für die Spendenbüchse, die an einer Bank steht, mit. Infos: Gemeinde Wackersberg, Tel. 08041/799280, www.wackersberg.de | **In der Umgebung** Der 1.550 Meter hohe Lenggrieser Hausberg Brauneck ist ein beliebtes Ausflugsziel für Wanderer, Gleitschirmflieger und Skifahrer. Von oben hat man eine tolle Aussicht ins Isartal. www.brauneck-bergbahn.de

93 Der Kreuzgang in Steingaden

Seltene Romanik inmitten der Rokokopracht

Steingaden wird überragt von den beiden Türmen der mächtigen romanischen Basilika des Welfenmünsters St. Johannes der Täufer. Sie war einst die Klosterkirche der Prämonstratenser, die 1147 in Steingaden dank Herzog Welf VI. ihr Kloster gegründet hatten – und ist der Hauptgrund, warum man Steingaden besucht. Die Kirche wurde 1176 geweiht und ist ein seltenes romanisches Schmuckstück. Ein beliebtes Fotomotiv ist der Kreuzgang mit seinen geschmückten Säulen, der aus der ersten Bauphase des Klosters stammt. Aus dieser Zeit ebenfalls erhalten sind das innere Portal, die Arkaden, das Brunnenhaus im Kreuzgang und die Johanneskapelle am Friedhofseingang. Aus der Spätgotik stammen Vorhalle und Gewölbe des Kreuzgangs, 1534 wurde das Chorgestühl geschaffen, und um 1600 entstand das Welfen-Fresko an der Nordwand der Eingangshalle. Im Inneren der Kirche dagegen findet sich prächtigster Rokokoschmuck, der von Stuckateuren der Wessobrunner Schule unter Leitung von Franz Xaver Schmuzer angebracht wurde.

1803 wütet die Säkularisation in Bayern. Die neuen weltlichen Besitzer werfen die Prämonstratenser aus ihrem Kloster hinaus. Die meisten Gebäude werden bis auf einen Flügel abgerissen, andere geraten in Privatbesitz. Der äußere Klosterhof ist jetzt Marktplatz. Der Brunnen der frommen Männer landet aus der Versteigerungsmasse in Weilheim und wird dort in Teilen auf dem Marienplatz aufgestellt. Das Gotteshaus hat jedoch Glück und bleibt Steingaden als Pfarrkirche erhalten.

Im Jahr 2008 lässt der örtliche Obst- und Gartenbauverein die alte Klostergartentradition der Mönche wieder aufleben: Der Pfarrgarten hinter dem Welfenmünster wird in Eigenregie von den Einwohnern selbst in einen Lehr- und Meditationsgarten umgestaltet und feierlich mit Blumentagen eröffnet. Bewirtschaftet wird die Anlage, die Interessierte jederzeit betreten dürfen, rein ökologisch.

Adresse Welfenstraße, 86989 Steingaden. www.steingaden.de | Anreise Autobahn A96, Ausfahrt Landsberg-West, B17 Richtung Schongau/Peiting und Füssen, in Steingaden links ab zum Marktplatz. Parkplätze auf dem Platz | Öffnungszeiten Im Sommer 8–19 Uhr, im Winter 8–17 Uhr, Eintritt frei | In der Umgebung Der Haslacher See bei Bernbeuren wurde vom Kloster Füssen für die Fischzucht angelegt. Heute ist er ein ruhiger Badesee, der wegen seiner Liegewiese und der Gastronomie bei Familien beliebt ist.

94 Das Papsthaus in Surberg

Benedikt XVI. wohnte in einem Bauernhof

»Wir sind Papst«, jubelte die Zeitung mit den großen Buchstaben 2005, als der deutsche Kardinal Joseph Ratzinger in Rom zum 265. Papst gewählt wird. In Hufschlag, einem kleinen Teil der Gemeinde Surberg direkt neben Traunstein, wurde aus dem Eichenweg flugs der Papst-Benedikt-XVI.-Weg: Hier wohnte der junge Joseph Ratzinger mit seinem Bruder Georg und den Eltern im Anwesen Nummer 19, in Traunstein verbrachte der Nachfolger des Apostel Petrus seine Jugend. 1933 hatten die Eltern das alte Bauernhaus am Waldrand gekauft. Wiese, Obstgarten, der Blick auf die Chiemgauer Berge – so idyllisch, dass Papst Benedikt immer von seiner Zeit hier schwärmte.

Es gibt heute noch die große Grünfläche mit den Schlüsselblumen vorm Haus, die dem jungen Ratzinger bei der Ankunft gleich aufgefallen waren. Das Anwesen ist im alpenländischen Stil gebaut, mit Scheune, Stall und Wohnbereich unter einem Dach. An der Eingangstür erinnert eine Steintafel an den Papst.

Die Zeit in Traunstein prägte den Papst. Fast jeden Sonntag ging es beim Familienspaziergang zum Ettendorfer Kircherl St. Vitus und Anna unweit von Surberg. Das Gotteshaus aus dem 15. Jahrhundert besitzt übrigens die älteste noch bespielbare Orgel in Bayern von 1669 und veranstaltet zu Ostern einen Georgiritt. In Traunstein ging Ratzinger zur Schule, in der Stadtpfarrkirche St. Oswald feierte er 1951 seine Primiz als frisch geweihter Priester. »Hier haben wir nach vielem Wandern nun unsere wahre Heimat gefunden, in die mein Erinnern immer wieder dankbar zurückkehrt«, schreibt der bayerische Papst später.

In der Saline von Traunstein tat im Ersten Weltkrieg ein kleiner, unbekannter Gefreiter seinen Dienst in der Wachmannschaft eines Gefangenenlagers. Sein Name: Adolf Hitler. In der überfüllten Halle des Turnvereins hielt er am 8. Dezember 1922 seine erste Rede in Traunstein.

Adresse Papst-Benedikt-XVI.-Weg (früher Eichenweg) 19, 83278 Traunstein. www.traunstein.de | **Anreise** Autobahn A8, Ausfahrt Traunstein, B306 an Traunstein vorbei, am Ende geradeaus in die Waginger Straße, links in die Georgistraße, rechts in die Mösersstraße und links in die Eichenstraße. Das Haus ist rechter Hand | **Öffnungszeiten** Das Haus ist in Privatbesitz und kann nicht besichtigt werden. Man darf es aber fotografieren (bitte vorher fragen) | **In der Umgebung** Der Waginger See lohnt einen Abstecher wegen seines Strandbads. Der Moorsee ist das wärmste Gewässer Bayerns und erreicht schon im Mai eine Wassertemperatur von 22 Grad. www.waging-am-see.de

95_Das Gulbransson-Museum in Tegernsee

Simplicissimus im Tal

Der Tegernsee hat wegen seiner Schönheit ein Problem: Er ist beliebt und am Wochenende überfüllt. Doch während die Massen die Uferpromenaden, Cafés und Biergärten von Gmund, Bad Wiessee und Rottach-Egern belagern, gibt es im 4.000-Seelen-Städtchen Tegernsee tatsächlich einen Flecken, der Ruhe ausstrahlt. Das Olaf-Gulbransson-Museum im Kurgarten ist mit seiner Ausstattung einzigartig und wird wunderbarerweise von den Heerscharen in Frieden gelassen. Denn wer unter den Besuchern des Tals weiß denn schon, dass ausgerechnet hier einer der wichtigsten Vertreter des Simplicissimus seine zweite Heimat fand? Olaf Leonhard Gulbransson nämlich, gebürtiger Norweger und später Oberbayer (und auch Nationalist mit einer unkritischen Nähe zu den Nazis).

Das am 31. Mai 1966 eröffnete Museum zeigt ständig mehr als 30 Werke – Karikaturen, Ölbilder und Buchillustrationen – des 1873 in Christiana geborenen Gulbransson. Der Norweger war Zeichner und Maler und erlangte als Karikaturist der legendären Münchener Satire-Zeitung »Simplicissimus« internationale Bekanntheit. Im Jahr 1929 kaufte sich Gulbransson den Schererhof hoch über der Stadt Tegernsee. Der Norweger war gerade als Professor an die Akademie der Bildenden Künste in München berufen worden, außerdem erinnerte ihn die Landschaft an seine Heimat. In München war Gulbransson 1902 über den Simplicissimus-Gründer Albert Langen gelandet, der ihn zur Mitarbeit eingeladen hatte. Nach dem Krieg zog sich der Norweger auf seinen Hof am Tegernsee zurück und arbeitete an Publikationen und Illustrationen, dort starb er am 18. September 1958.

Gulbransson schien ein Faible für die oberbayerischen Seen zu haben, denn er tauchte auch am Starnberger See auf. Im heute noch existierenden Gasthaus »Drei Rosen« feierte Gulbransson im Juni 1923 mit seiner Frau Dagny Björnson Polterabend. Das rauschende Fest der Künstler hinterließ einen tiefen Eindruck im Dorf.

Adresse Im Kurgarten, 83684 Tegernsee, Tel. 08022/3338, www.olaf-gulbransson-museum.de | **Anreise** Autobahn A8, Ausfahrt Holzkirchen, B318 nach Gmund, B307 nach Tegernsee. Parkplätze hinterm Rathausplatz auf der linken Seite. Kurzer Fußmarsch | **Öffnungszeiten** Di–So 10–17 Uhr | **In der Umgebung** Den Tegernsee erkundet man ohne Verkehrsstau am besten mit dem Schiff. 90 Minuten dauert die Rundfahrt.

96 Das Stubenrauchhaus in Tittmoning

Einst Papstdomizil, heute Bankfiliale

Inzwischen haben sich die Tittmoninger daran gewöhnt, dass immer Radfahrer im schicken Outdoordress durch das Burghausener Tor auf den schönen 300 Meter langen Stadtplatz mit den bunten Hausfassaden kommen und ihre Sparkasse fotografieren. Die Besucher rollen auf zwei Reifen päpstliche Spuren ab. Sie folgen auf dem neuen Benedikt-Radweg den Spuren des bayerischen Papstes in seiner Heimat. Die Sache mit der Sparkasse erklärt sich einfach: Im stattlichen Stubenrauchhaus, Ende des 17. Jahrhunderts erbaut, wohnten die Ratzingers. Die alte Salzburgische Handelsstadt ist ab Juli 1929 Wohnort der Familie. Am liebsten war dem Jungen die barocke Klosterkirche der Augustiner-Chorherren, bis 1932 besuchte der Junior die »Kinderbewahranstalt« der Englischen Fräulein im Erdgeschoss des Klosters. Hier ist heute noch der Kindergarten der Salzachstadt.

Und als 1930 der Münchner Kardinal Michael von Faulhaber im purpurnen Talar anlässlich einer Firmung in Tittmoning war und den Fähnchen schwenkenden Kindern – darunter der kleine Joseph – zuwinkte, war für Ratzinger junior eins klar: »Ich werde auch mal Kardinal«, rief er aus. Behütet durfte er aufwachsen, inmitten einer behäbigen bäuerlichen Landschaft mit sanft welligen Hügeln. So ruhig und gelassen geht es von Tittmoning aus weiter auf dem Radweg, der gleich nach der Papstwahl 2005 eröffnet wurde, in Richtung Traunstein. Der nahe Weiler Harmoning klingt wie Harmonie, und das passt zum »Traumland seiner Kindheit«, wie Ratzinger in seiner Biographie schrieb. In Tengling führt der Radweg am Fußballplatz vorbei, und ein Schild verlangt bei Spielbetrieb Tempo 30. Ein weiteres warnt, dass der, der den Schiedsrichter beleidigt, vom Spiel ausgeschlossen werde. Über Taching und Waging wird auf angenehm autolosen Wirtschaftwegen nach Traunstein geradelt.

Adresse Stadtplatz 39, 84529 Tittmoning. www.tittmoning.de und www.benediktweg.info | Anreise Autobahn 99, Kreuz München-Ost, A94 nach Forstinning, B12 bis Altötting/ Burghausen, rechts auf die B20 bis Tittmoning, Stadtmitte. Parkplätze auf dem Stadtplatz am Brunnen | In der Umgebung Mit 1.051 Metern Länge ist die Burganlage in Burghausen Europas längste ihrer Art. Die Anlage ist ganzjährig geöffnet, der Eintritt frei. Im Inneren finden Feste und mittelalterliche Veranstaltungen statt. www.burghausen.de

97 Der Biergarten in Uffing

Traumblick auf die Berge

Die Lage ist ein Traum. Nur ein paar Meter entfernt plätschert der Staffelsee ans Ufer, die Bäume spenden angenehmen Schatten, aus dem benachbarten Strandbad erklingt Lachen, und vor einem steht ein kühles Weißbier. Und wenn es gut läuft, spielt an diesem lauen Sommerabend eine Bluescombo auf. Der Biergarten »Alpenblick« in Uffing hat die Gnade des richtigen Standorts.

Der ist mit dem Blick über den Staffelsee hinüber ins Wettersteingebirge so kitschig, dass man befürchtet, der Wirt zieht gleich die Fototapete hoch, und zum Vorschein kommt das triste Stahlwerk Oberland. Doch erstens gibt es den Industriekoloss garantiert nicht im Werdenfelser Land, und zweitens gehört das Panorama unverrückbar zu diesem Platz.

Dabei spielt der Staffelsee eine gewichtige Rolle in der Gesamtkomposition. Das 7,7 Quadratkilometer große Gewässer mit seinen sieben Inseln gehört zu den wärmsten Badeseen in Bayern. Die beste Art, ihn zu erforschen, ist mit dem Schiff. Zwischen Seehausen, Murnau und Uffing pendelt die erst 2009 gebaute »MS Seehausen« gemütlich übers Wasser. Glücklich, wer für die 80-Minuten-Rundfahrt einen Platz oben auf dem Panoramadeck ergattert hat.

Vorfreude auf den Biergartenbesuch holt man sich im Strandbad Uffing. Das »Bärtlbad« hat eine lange Tradition und erinnert mit seinen hölzernen Umkleidekabinen, dem Steg und dem Sprungturm wirklich an ein Seebad aus dem vorvorigen Jahrhundert. Bereits 1920 wurde per Anschlag gemahnt, dass »das Herumstehen oder Herumliegen im Badeanzug vor den Badekabinen« zu unterlassen sei. Heute regt sich darüber keiner mehr auf.

Den Biergarten kann man übrigens nicht nur im Sommer genießen. Der Betrieb läuft das ganze Jahr über bei schönem Wetter. Herrlich ist es im Winter, wenn der See zugefroren ist. Dann hat man bei einer Wanderung auf dem Eis einen ganz anderen Blick aufs Ufer und auf die Villen.

Adresse Kirchtalstraße 30, 82449 Uffing am Staffelsee, www.seerestaurant-alpenblick.de | **Anreise** Autobahn A95, Ausfahrt Sindelsdorf, B472 Richtung Peißenberg, im Kreisel nach Uffing, an der Hauptstraße links Richtung Seehausen, rechts zum Strandbad. Parkplätze am Bad | **Öffnungszeiten** Mai–Sept. kein Ruhetag, Okt.–April Do Ruhetag. Der Biergarten ist bei schönem Wetter immer auf. Staffelsee-Rundfahrt 10. April–1. Nov. Mo–So ab 10 Uhr alle 80 Minuten ab Seehausen, www.staffelsee.org | **In der Umgebung** Den Staffelsee erlebt man zu Fuß auf dem Rundweg. Die ebene Tour ist 22 Kilometer lang. Am Westufer geht es durch das Moor, da kann es schlammig sein.

98 Die Niedere Blaik bei Unternogg

Eine schöne Unbekannte im Ammergebirge

Kein Familienzwist im Ammergebirge: Die Niedere Blaik kann als Berg gut damit leben, dass ihr die benachbarte Hohe Blaik die Show gern stiehlt. Die niedrigere der beiden Blaik-Schwestern ist ein echtes Juwel, ein wenig im Verborgenen und abseits der bekannten Wanderrouten. Überhaupt ist Unternogg als Ausgangspunkt der Tour am Königssträßchen so ein Fall: Verlässt man Altenau, ist man nach ein paar Kilometern Fahrt durch die Wiesenlandschaft überrascht, dass in dem Waldwinkel an der Halbammer – dort, wo König Ludwig II. gerne einkehrte, wenn er zwischen Linderhof und Neuschwanstein mit seiner Kutsche unterwegs war – plötzlich Häuser auftauchen. Unternogg war schon immer eigen und würde eigentlich Sophiental heißen, aber die Chronik der Pfarrei Unterammergau aus dem Jahr 1902 erzählt: »Der amtliche Name des Ortes ist Sophienthal, derselbe hat aber beim Volke in der Umgebung noch keinen Eingang gefunden. Dieses blieb beim Namen Unternogg.«

Die auf den ersten Blick unspektakuläre Niedere Blaik will erforscht werden, der Berg kommt nicht leicht daher. Er hat den Nachteil, dass ihn keine bewirtschaftete Hütte krönt – was aber angesichts der Massen auf anderen Sonntagsgipfeln ein Segen sein kann. Über einen Forstweg geht es immer bergauf bis zur Saulochhütte und weiter zur Lähnbachhütte. Ab da wandelt sich der Forstweg in einen Waldpfad, der stetig Höhe macht, und irgendwann tut sich auf einem Hochplateau überraschend eine moorig-moosige Welt auf: Auf schmalen Brettlwegen folgt man der Route, für den letzten Anstieg wurden eigens Treppen in den Boden gegraben. Vom Gipfelkreuz bietet sich eine weite Aussicht zur Wieskirche links und den Staffelsee rechter Hand. Nur 15 Minuten Marschzeit weiter erhebt sich der Gipfel der 1689 Meter aufragenden Hohen Blaik. Doch die kleine Schwester mit ihren immerhin 1589 Metern hat den besseren Blick – und weniger Besucher.

Adresse Forsthaus Unternogg, Unternogg 1, 82442 Saulgrub | **Anreise** Autobahn A95, Ausfahrt Eschenlohe, in Oberau rechts auf die B23 Richtung Oberammergau/Saulgrub, links nach Altenau und weiter nach Unternogg. Hinterm Gasthaus ist ein Wanderparkplatz. Die Tour auf die Niedere Blaik dauert rund drei Stunden. Achtung: Oben kann es matschig sein. Tipp: Bis zur Lähnbachhütte mit dem MTB, dann zu Fuß weiter | **Öffnungszeiten** Di–So 11–22 Uhr, Mo geschl. | **In der Umgebung** Das Forsthaus Unternogg mit seinem Biergarten ist der perfekte Ort, um die Bergtour abzuschließen. Das Haus wurde 1848 erbaut und soll dem Märchenkönig Ludwig II. bei seinen Jagdausflügen als Nachtlager gedient haben.

99 Das Kraftwerk am Walchensee

Ein geniales Stück Industriegeschichte

Die 450 Meter langen und über zwei Meter breiten sechs Rohre am Berghang sind das weit sichtbare Markenzeichen des technischen Wunderwerks am Kochelsee: Das Kraftwerk Walchensee hat schon einige Jahre auf dem Buckel, ist aber immer noch in Betrieb. 1918 beschloss der Bayerische Landtag den Bau des gigantischen Projekts. Am 24. Januar 1924 stürzte zum ersten Mal Wasser die 200 Meter Fallhöhe vom Walchensee durch die Rohre zum Kochelsee hinunter und trieb eine Turbine an.

Als die Anlage in Betrieb ging, war es ein Meisterwerk der Ingenieurskunst und das ehrfürchtige Staunen allenthalben groß. Bauingenieur Oskar von Miller, der ganz Bayern elektrifizieren wollte, hatte eine einfache, aber geniale Idee: Das Kraftwerk nutzt den Walchensee oben und den Kochelsee darunter als natürliche Speicherbecken und außerdem das gewaltige Gefälle zum Antrieb der Turbinen. Die oberbayerische Einrichtung gehört damit zu den größten Hochdruck-Speicherkraftwerken in Deutschland. Jährlich liefern die acht Turbinen 320 Millionen Kilowattstunden umweltfreundliche Energie.

Die Ingenieure können den Betrieb je nach Bedarf regulieren. Sie lassen ständig so viel Wasser durch die Rohre auf die extra verstärkten Turbinenblätter rauschen, wie gerade im Walchensee zufließt. Ist es nicht genug, legt das Personal einfach nachts Rohre still und wartet, bis der Wasserstand gestiegen ist. Am Tag, wenn der Strombedarf steigt, drehen sie auf – die Anlage kommt in wenigen Minuten auf volle Touren.

Das Kraftwerk ist mittlerweile ein Industriedenkmal und kann besichtigt werden. Staunend stehen die Besucher in der Halle vor den gigantischen blauen Turbinen. Daneben hat der Betreiber »Eon« ein Infozentrum mit Gastronomie hingestellt. Es gibt Ausstellungen, Turbinenmodelle, viel Technik, Erklärungen zur Energiegewinnung, Filme und die Historie des Walchensee-Kraftwerks.

Adresse Altjoch 21, 82431 Kochel, www.walchensee.net | **Anreise** Autobahn A95, Ausfahrt Sindelsdorf, rechts auf die B472 Richtung Bad Tölz, vor Bichl rechts ab auf die B11 nach Kochel, kurz vorm Kesselberg geht es rechts weg nach Altjoch. Parken vorm Infozentrum | **Öffnungszeiten** Mo–So 9–17 Uhr | **In der Umgebung** Über die Mautstraße am Südufer des Walchensees geht es in die abgeschiedene Jachenau. Das Bergtal ist mit rund 900 Einwohnern die zahlenmäßig kleinste Gemeinde Bayerns, dafür aber mit 26 Ortsteilen auf 128 Quadratkilometern die am weitesten verstreute Kommune.

100 Der Bunker 29 in Waldkraiburg

Aus dem Flüchtlingslager wurde eine Stadt

Mit mehr als 24.000 Einwohnern ist Waldkraiburg die größte Kommune im Landkreis Mühldorf am Inn. Dieser Boom war nicht vorhersehbar, denn eigentlich war Waldkraiburg nach 1945 ein Provisorium. Der 1876 eröffnete Bahnhof Kraiburg brachte Industrie in das einsame Waldgebiet, 1938 siedelte sich das Werk der Deutschen Sprengchemie an, geschützt im Mühldorfer Hart ließen die Nazis in 500 Bunkern im Zweiten Weltkrieg Munition herstellen. 2.500 Menschen, meist Zwangsarbeiter, schufteten dort. Nach Kriegsende wurden in die Baracken des zerstörten Fabrikgeländes Flüchtlinge und Vertriebene aus Osteuropa, vor allem Sudetendeutsche, notdürftig untergebracht. Das »Flüchtlingslager Pürten« entstand, die Menschen richteten sich ein und begannen ein normales Leben. 1950 entstand die selbstständige Gemeinde Waldkraiburg, die ständig wuchs und 1960 Stadt wurde.

Wer den »Bunker 29« besucht, der erfährt Waldkraiburgs Geschichte ganz speziell: Das jüngste Museum der Stadt bietet den Besuchern in einem alten Schutzraum sinnliches Erleben – Sehen, Hören und Riechen sind hier die ungewöhnlichen Wege der Wissensvermittlung. In sechs Räumen wird die Zeit des Pulverwerks erklärt und die Aufbauleistung der Unternehmen nach dem Krieg gewürdigt. So zeigt ein Raum die friedliche Nutzung der Bunker. Oder riechen Sie, wie die Gummiproduktion damals war oder wie Bonbons als erste Luxusgüter hergestellt wurden!

Wer mehr über das Schicksal der Vertriebenen erfahren will, ist im Stadtmuseum richtig: Gepäck, Filme und Fotos erzählen bedrückend, wie die Menschen in den Baracken ein neues Leben anfingen. Der »Weg der Geschichte« führt auf zwölf Kilometern zu den Stationen der jungen Historie – einfach den gelb-blauen Wegweisern und Bodenmarkierungen durchs Stadtgebiet folgen. Waldkraiburgs berühmtester Sohn hat wie so viele osteuropäische Wurzeln: der Rocksänger Peter Maffay.

Adresse Schweidnitzer Weg 6, 84478 Waldkraiburg, www.kultur-waldkraiburg.de | Anreise Autobahn A99, Kreuz München-Ost auf die A94 nach Forstinning, auf der B12 bis Bürg und rechts weg nach Aschau/Waldkraiburg, über Martin-Luther-Platz und Karlsbader Straße zum Museum. Parkplätze in der Straße | Öffnungszeiten April–Okt. 2. So im Monat 14–16 Uhr | In der Umgebung Auf dem Friedhof in Waldkraiburg befindet sich das Grab von Emilie Schindler. Sie war die Frau des deutschen Industriellen Oskar Schindler, dessen mutige Rettung von Juden durch den Film »Schindlers Liste« bekannt wurde. Emilie Schindler wurde vom Staat Israel als »Gerechte unter den Völkern« geehrt. Sie starb 2001.

101 Die Schöne Aussicht in Wasserburg

Blick auf die alte Handelsstadt

Wasserburg am Inn ist ein Begriff. Klar, Brücke, historische Altstadt, bunte Häuserfront am Fluss, Kirchen. Alles insgesamt ein traumhaftes Arrangement. Aber warum nicht erst mal das Ganze in Ruhe von oben auf sich wirken lassen?

Dafür sollten Sie die Altstadt (vorerst) achtlos durchqueren und über die Innbrücke auf das Südufer des Flusses schlendern. Hinter dem Gasthof findet sich ein befestigter Weg, der bergauf führt. Das hat zum einen den Vorteil, dass man schnell Höhe gewinnt, und zum anderen schreckt der Anstieg so manchen Spaziergänger ab, was einem eine angenehme Einsamkeit beschert. Schon nach einer Viertelstunde ist das Ziel erreicht: die »Schöne Aussicht«. Der Punkt trägt seinen Namen zu Recht. Man sieht majestätisch das historische Wasserburg mit seiner klassischen Halbinsel in der Flussschleife liegen.

Die mittelalterliche Altstadt ist nahezu vollständig erhalten, fast jedes Gebäude erzählt eine jahrhundertealte Geschichte. Die Innbrücke zum Beispiel: Seit 1338 wird immer wieder eine Holzbrücke über den Gebirgsfluss erwähnt, der Übergang hatte jedoch angesichts der Eisgänge auf dem Inn keine Chance, alt zu werden – das jetzige Exemplar stammt von 1929. Oder das Brucktor, das mit seinen Wandmalereien aus dem Jahr 1568 brilliert. Die Frauenkirche glänzt mit dem gotischen Mariengnadenbild und dem 65 Meter hohen Stadtturm, von dem früher über Wasserburg gewacht wurde.

Doch es gibt auch unbekannte Sehenswürdigkeiten zu entdecken wie das Wegmachermuseum an der Straßenmeisterei. Die Wegmacher mussten 200 Jahre lang bis in die Mitte des 20. Jahrhunderts die Straßen instand halten. Wer über Baustellen, Umleitungen und Schilderwald schimpfen will, sollte sich hier mal umschauen! Vergessen ist, dass in Wasserburg sogar Bergbau betrieben wurde. Doch die Sache mit der Braunkohle lohnte sich nicht. An die kurze Epoche erinnert der Stolleneingang im Nordwesten.

Adresse 83512 Wasserburg am Inn, www.wasserburg.de | Anreise Autobahn A99, Ausfahrt Haar, B304 Ebersberg/Wasserburg. Oder Autobahn A94 bis Forstinning, Richtung Ebersberg und auf die B304. Tipp: Kostenlos sind die Parkhäuser »Überfuhrstraße« und »Kellerstraße« sowie der Parkplatz »Unter der Rampe« | In der Umgebung Wasserspaß und Saunavergnügen gibt es im Wasserburger Freizeitzentrum Badria. www.badria.de

102 Die Kirche auf dem Weichberg

Unbekannter Gipfel bei Rettenbach

Der letzte westliche Zipfel von Oberbayern ist eine unbekannte Region. Zwischen Schongau im Osten und Marktoberdorf im Westen öffnen sich immer wieder neue Aussichten. Im wahrsten Sinne des Wortes: Der Weichberg wartet immerhin mit 967 Metern Höhe und einem Panoramablick auf die Bergwelt auf. Wer den bekannteren Auerberg in der Nachbarschaft meiden möchte, ist auf dem Weichberg richtig. Hier verirrt sich nur selten eine Wandergruppe hinauf. Dabei ist hier oben der Blick grandios, und dank der vom Rettenbacher Männerchor aufgestellten Schaukarte mit den Alpengipfeln kann man sogar was für die Bildung tun.

Zwei Dinge beherrschen den Berg: Die Magdalenenkapelle und der 108 Meter hohe Sendemast. Außerdem verläuft die Grenze zwischen Oberbayern und dem Ostallgäu durch den Gipfel. Was zu einigen Zwischenfällen führte: Im Jahr 1753 ließ der Pfarrer von Rettenbach die dortige Kapelle abreißen und ordnete einen Neubau an. Diesen ließen die Bayern einstellen, weil sie nämlich die Grenze weiter nach Westen verschieben wollten. Auch aus den Schwedenkriegen gibt es die Anekdote, dass die Einödhöfe am Weichberg verschont worden sind, weil so dichte Nebel waberten, dass die Nordmänner gar keine Siedlungen zum Plündern ausmachen konnten.

Der Weichberg machte erst kürzlich wirtschaftspolitische Schlagzeilen: Feierlich wurde im nahen Bernbeuren im Beisein des eigens angereisten Ministers die erste geförderte UMTS-Breitbandversorgung im Landkreis Weilheim-Schongau gestartet, ein Mobilfunkkonzern hatte dafür den Weichberg-Sender ausgebaut.

Unterhalb des Berges schmiegt sich Rettenbach an den Hang. Die durch ihr Solarkonzept bekannt gewordenen Allgäuer waren die kapellenlose Zeit auf dem Weichberg leid – und bauten sich 2004 selbst ein anmutig modernes und schlichtes Gotteshaus.

Adresse 87675 Rettenbach, www.rettenbach-am-auerberg.de | **Anreise** Autobahn A96, Ausfahrt Landsberg-West, B17 bis Schongau, auf die B472 nach Marktoberdorf, nach einem Kilometer links nach Burggen, Richtung Tannenberg, in der Ortsmitte an der Bushaltestelle links. Parkplätze vorm letzten Hof. Dort startet der leichte Wanderweg zum Weichberg | **In der Umgebung** Die Weichberghalle in Rettenbach wurde aus heimischen Materialien gebaut und ist ein Mix aus Dorfladen und Treffpunkt. Dort zahlt man mit einer eigenen Währung, dem Weichbergtaler.

103 Die Staatsbrauerei Weihenstephan

Bierproduktion seit 1040

Man glaubt es kaum, aber es gab eine Zeit, als in Weihenstephan auf dem Nährberg kein Bier gebraut wurde. »Allerdings war da Karl der Große nicht einmal geboren, und wo heute München ist, lagen seinerzeit nur ein paar Kühe auf der Weide.« So kokettiert die Bayerische Staatsbrauerei Weihenstephan mit ihrem Alter. Das gleichnamige Unternehmen aus dem Freisinger Stadtteil nennt ganz bescheiden das Jahr 1040 als Beginn der Braukunst. Damals schaffte es der Abt des damaligen Benediktinerklosters, der Stadt Freising die Brau- und Schankrechte abzuschwatzen. Weihenstephan wäre damit die älteste Brauerei der Welt. Doch die betreffende Urkunde wird angezweifelt, Weihenstephan streitet sich mit dem Kloster Weltenburg (dort wird nachweislich seit 1050 gebraut) um den Ehrentitel.

Wie dem auch sei: Weihenstephan hat eine ziemliche Erfolgsgeschichte hingelegt. Aus dem Klosterbetrieb wurde ein Global Player. Die Technische Universität München hat hier ein Wissenschaftszentrum für Ernährung, Landwirtschaft und Umwelt eingerichtet. Braumeister, die in Weihenstephan ihr Handwerk gelernt haben, sind gefragte Könner. Den guten Ruf und das ebenso gute Geschäft mit dem Gerstensaft hat auch der Freistaat erkannt und 1921 Weihenstephan zum Staatsbetrieb ernannt. Seit 1923 darf der Betrieb das Bayernwappen führen, mittlerweile ist man ein weiß-blauer Regiebetrieb.

Die Brauerei kann besucht werden. Bei einer Führung wird tief eingetaucht in die (angeblich) mehr als 1.000-jährige Geschichte von Weihenstephan. Start ist im Museum, dann geht es in die heiligen Hallen, und am Ende kann natürlich das Produkt getestet werden.

Die Brauerei liefert bayerisches Bier in alle Welt. Für den Export wurde ein Verpackungszentrum gegründet, das in Unterschleißheim hochgezogen wird. Außerdem hat Weihenstephan eine »Botschaft« in Berlin: das gleichnamige Wirtshaus am Hackeschen Markt.

Adresse Alte Akademie 2, 85354 Freising, www.weihenstephaner.de | **Anreise** Autobahn A92, Ausfahrt Freising-Süd, B11 in Richtung Zentrum, links auf Saarstraße/Johannisstraße, über die Moosach und links in die Vöttinger Straße, links den Weihenstephaner Berg hoch. Parkplätze am Bräustüberl | **Öffnungszeiten** Brauereiführung Mo und Mi 10 Uhr, Di 10 und 13.30 Uhr | **In der Umgebung** Nach der Führung wird im Bräustüberl Weihenstephan gegenüber der Brauerei eingekehrt. Die Säle bieten bayerisch-rustikales bis elegantes Ambiente. www.braeustueberl-weihenstephan.de

104_Das Weilheimer Rathaus

Motive aus den 1930er Jahren

So ganz wissen die Weilheimer nicht, wie sie mit ihrem Rathaus umgehen sollen. Hier sitzt zwar die Verwaltung, aber das Gebäude, das mehr an eine Burg erinnert, ist ein Überbleibsel aus einer unseligen deutschen Zeit. Der heutige Sitz des Bürgermeisters am Rathausplatz wurde als »Rats- und Sparkassengebäude« am 15. November 1936 eingeweiht. Das Werk von Architekt August Simbeck ist ein für die national überladene Zeit typischer wuchtiger Steinbau. Im Inneren zeigten die Fresken und die Stuckarbeiten idealisierende Szenen aus dem Leben der Handwerker und Bauern, so wie sich die Nazis das Leben der Deutschen vorstellten. Wenigstens hatten die Bürger zu der damaligen Zeit noch was übrig für ihre Politiker und waren ihnen gegenüber spendabel: Das große Fresko an der Außenfassade über dem einstigen Balkon des Bürgermeisters, das die Stadtgründung zeigt, stifteten nämlich die Einwohner. Den Balkon nutzt das neuzeitliche Weilheimer Stadtoberhaupt aber längst nicht mehr, sein Büro ist ein paar Räume weiter umgezogen.

Genauso wie die Verwaltung in Weilheim im Lauf der Jahrhunderte. Die Geschicke der Stadt wurden vor dem jetzigen Trutzbau von anderen Rathäusern aus gelenkt. Das erste Domizil war im 14. und 15. Jahrhundert im »Neuchinger-Haus« an der Admiral-Hipper-Straße. Wohl um 1538 zogen Stadtoberhaupt und Magistrat in einen Neubau auf dem früheren Friedhof nördlich der Stadtpfarrkirche, daraus entstand später das Alte Rathaus am Marienplatz, das heute das Stadtmuseum beherbergt. Dieses »Rat- und Tantzhauß« verfügte über die Besonderheit einer direkten Verbindung zur Stadtpfarrkirche Mariae Himmelfahrt nebenan. Praktisch: So hatten die Politiker immer den Beistand von ganz oben!

Ganz in der Nähe von Rathaus Nummer vier ist das »Dachsbräu«. Weilheims einzige Brauerei hat einen schönen Biergarten. Ideal, um Politik zu machen.

Adresse Stadt Weilheim, Admiral-Hipper-Straße 20, 82362 Weilheim, Tel. 0881/682-0, www.weilheim.de | **Anreise** Autobahn A95, Ausfahrt Starnberg, B2 über Pähl bis Weilheim. Parken im Parkhaus Altstadt-Center (ausgeschildert). Fünf Minuten Fußweg über den Marienplatz zum Rathaus | **Öffnungszeiten** Mo–Fr 8–12.30 Uhr und 14–16 Uhr (Mo–Mi) sowie 14–18 Uhr (Do) | **In der Umgebung** Die Straße am Weilheimer Rathaus erinnert an einen berühmten Sohn der Stadt: Admiral Franz Ritter von Hipper (1863–1932) war Spross eines Gastwirts und 1916 Befehlshaber der kaiserlichen Marine in der Skagerrakschlacht. Weil die Stadt Patin des modernen Minenjagdboots »Weilheim« ist, gibt es sogar eine Marinekameradschaft.

105 Die Ganghofer-Allee in Welden

Alpen-Autor im Holzwinkel

Er gilt als der urbayerische Dichter, in seinen Werken wimmelt es von Steigen, Jägern, Gamsen und Mägden. Das Karwendel, die Ammergauer Alpen, der Tegernsee, das war Ludwig Ganghofer. Aber Bayerisch-Schwaben? Ja. In Welden verlebte der Alpenromantiker ungestüme Jahre der Kindheit. So mancher Tag, an dem Ganghofer junior beim Spielen bäuchlings in die Laugna fiel. Die Laugna fließt durch den schwäbischen Holzwinkel nordwestlich von Augsburg.

Am 7. Juli 1855 wurde Ganghofer in Kaufbeuren geboren, vier Jahre später siedelte die Familie nach Welden um, dort wurde Vater August Revierförster. Das alte Forsthaus wurde abgerissen, das neu gebaute Domizil der Ganghofers an der Bahnhofstraße 15 steht heute noch. Der Holzwinkel prägte Ganghofer. Wenn der Heimatdichter später vom Wald schrieb, tauchte immer wieder Welden auf. Das »liebe lachende Dorf« mit seinen Einwohnern (»ein fester und unverdorbener Schlag«) stand Pate für die späteren Geschichten, die Ganghofer einfach ins weit dramatischere Hochgebirge verlegte. Ein kleiner literarischer Kunstkniff! Bei der Spurensuche in Welden hilft seit Kurzem das Ganghofer-Zentrum: Pünktlich zum 150. Geburtstag des Schriftstellers wurde es im Landgasthof »Zum Hirsch« eröffnet. Im Hirsch gibt es dazu Ganghofer-Gerichte – wie das von ihm so geliebte Bœuf la motte und das Ganghofer-Pfännle mit Gemüsekartoffeln, Wammerl, Wurst und Schweinenacken.

Drei Rundwanderungen durch die Wälder haben die Ganghofer-Freunde angelegt. Am schönsten aber ist es auf dem Theklaberg: Die »Kleine Wies« wird die Kirche St. Thekla von 1756 wegen ihrer herrlichen Stuckarbeiten auch genannt, vor dem Rokokojuwel pflanzte Papa August Ganghofer 1869 die lauschige Lindenallee. Wozu Ida, die Schwester von Ludwig Ganghofer, bemerkte, dass »die Gemeinde die Pflanzen unentgeltlich vom Pflanzgarten des Papa bekam«. Man ist halt in Schwaben.

Adresse Landgasthof Zum Hirsch, Fuggerstr. 1, 86465 Welden, www.landgasthofzum-hirsch.de und www.ganghofer-welden.de | **Anreise** Autobahn A8, Ausfahrt Adelsried, Richtung Welden | **Öffnungszeiten** Di–So 10–18 Uhr | **In der Umgebung** An der B10, einen Kilometer südlich der Autobahnausfahrt Zusmarshausen, liegt der künstliche Rothsee. Der Badesee hat Liegeflächen und Umkleiden.

106 Die Höhle auf dem Wendelstein

Allerlei Rekorde auf 1.838 Metern

Nördlich von Bayrischzell erhebt sich der Wendelstein mit seinen 1.838 Metern Höhe markant im Mangfallgebirge. Ein beliebter Ausflugsberg, auf dem an schönen Tagen wegen des Besucherandrangs Platzkarten verteilt werden, wie Einheimische gern spötteln. Doch der Wendelstein hat mehr zu bieten als nur die bequeme Auffahrt und den traumhaften Blick.

Weitgehend unbekannt ist, dass sich im Gipfelmassiv auf 1.711 Metern Deutschlands höchste Schauhöhle verbirgt. Erst 1864 war sie entdeckt worden. Das unterirdische Juwel wurde nun optisch aufgemotzt: Vier Infostationen begleiten den Besucher durch das Naturerlebnis. Hinter der Bergstation der Zahnradbahn geht es 82 Stufen in die Tiefe. Im Zickzack gelangt man durch die Gesteinskluft 200 Meter in den »Dom«. Aufpassen: Hier unten ist es besonders kalt, im Sommer liegt noch Schnee.

Auch beim Aufstieg bietet der Wendelstein mit der Zahnradbahn einen Rekord: Deutschlands erste und älteste Hochgebirgsbahn fährt seit 1912 von Brannenburg auf den Gipfel. Die alten Wagen sind längst ausgemustert, heute schaffen moderne Triebwagen die 7,6 Kilometer und 1.217 Meter Höhenunterschied in einer halben Stunde. Wer es schneller will, nimmt die Seilbahn. Die 50-Personen-Kabine braucht von Bayrischzell nur sieben Minuten auf den Berg.

Oben gibt es noch etwas zu entdecken: Im Geo-Park informieren 36 Schautafeln darüber, dass der Wendelstein vor 250 Millionen Jahren ein Korallenmeer war. Auf 1.800 Metern finden sich Seeigel, Tintenfische und Fossilien; die 1890 geweihte Kirche thront auf einer Muschelkalkwand. Bei der Aussichtskanzel »Gacher Blick« kann man seine Geographiekenntnisse testen und an der Panoramakarte das lustige Gipfelraten spielen. Zu sehen sind sie alle: Wilder Kaiser, Großglockner, Rofan, Karwendel und Zugspitze.

Ob Max Kleiber 1890 dafür einen Blick hatte? Er trug nämlich das 85 Pfund schwere Gipfelkreuz eigenhändig auf den Berg.

Adresse Seilbahn, Osterhofen 90, 83735 Bayrischzell; Zahnradbahn, Sudelfeldstraße 106, 83098 Brannenburg. www.wendelsteinbahn.de | Anreise Zur Seilbahn über die Autobahn A8, Ausfahrt Irschenberg oder Weyarn, Landstraße nach Bayrischzell-Osterhofen. Station direkt an der Straße. Zur Zahnradbahn über die Autobahn A8, A93 Inntaldreieck bis Ausfahrt Brannenburg, links abbiegen und bis zur Zahnradbahn | Öffnungszeiten Den Fahrplan gibt es auf www.wendelsteinbahn.de | In der Umgebung Über den Sudelfeldpass (1.123 Meter) führt die Deutsche Alpenstraße B307. Bei Bayerischzell winden sich scharfe Kurven hinauf (schöner Blick), nach Oberaudorf geht es über den Tatzelwurm. So heißt ein Fabelwesen, das angeblich beim nahen Wasserfall haust.

107 Das Brunnenhaus in Wessobrunn

Luise Rinser schrieb über eine Legende

Die Schriftstellerin Luise Rinser hatte ihre Kindheit in Wessobrunn gut in Erinnerung behalten. Viele Jahre lebte sie im Klosterdorf, war dort Lehrerin und liegt seit ihrem Tod im Jahr 2002 auf dem örtlichen Friedhof begraben. Luise Rinser verarbeitet die Jugenderlebnisse 1941 in ihrer Erzählung »Die gläsernen Ringe«. Dafür hatte sich die Autorin im Dorf umgeschaut und sich gleich mal literarisch der Gründungslegende eines der ältesten bayerischen Klöster bemächtigt: Bayernherzog Tassilo III. rastete im Jahr 753 bei der Jagd unter einer Linde. Der Herrscher war durstig. Ermattet schlief er ein und träumte von einem Engel. Dieser stieg mit einer Leiter vom Himmel herab und schöpfte Wasser aus einer Quelle. Tassilos Gefährte Wezzo entdeckte wirklich eine Quelle, der Herzog nannte den Ort »Wezzofontanum« – und gründete ein Kloster. Die Linde steht heute noch, die drei Quellen des Tassilo sind hinter der Pfarrkirche St. Johannes in einem Brunnenhaus eingefasst. Das Gebäude aus dem 17. Jahrhundert wirkt unscheinbar, aber es geht eine gewisse Kraft von den drei moosbewachsenen Becken aus, in denen sich die Fische tummeln. An Luise Rinser soll ein Denkmal erinnern, dass nun endlich nach langer Diskussion als stilisierte Buchseite aus Bronze im Rathausgarten aufgestellt wird.

Das Kloster der Missionsbenediktinerinnen ist sichtlich in die Jahre gekommen, aber im Inneren wird ein Schatz aufbewahrt: Im ersten Stock quellen der Fürstentrakt und das Treppenhaus von Stuck über. Die Stuckateure und Bildhauer aus der Wessobrunner Schule waren im Barock und Rokoko in ganz Europa bekannt und begehrt. Wenn man vom Kloster in Richtung Hauptstraße geht, kommt man zu einer Gruppe Linden. Unter den Bäumen steht ein Gedenkstein. Er erinnert an das »Wessobrunner Gebet« – das Gedicht in Althochdeutsch entstand um 814 und gilt als ältestes Zeugnis der deutschen Sprache christlicher Prägung.

Adresse Klosterhof 4, 82405 Wessobrunn, www.kloster-wessobrunn.de | Anreise Autobahn A96, Ausfahrt Landsberg Ost, Richtung Weilheim, über Pürgen/Rott nach Wessobrunn, gleich nach der scharfen Rechtskurve geht es am Gasthaus links zum Kloster. Parkplätze an der Kirche | Öffnungszeiten Das Brunnenhaus ist jederzeit zugänglich. Klosterführungen März–Okt. Di–Sa 10, 15 und 16 Uhr sowie So 15 und 16 Uhr, Nov.–Feb. Di–Sa 15 Uhr sowie So 15 und 16 Uhr | In der Umgebung Die Tassilo-Linde steht noch, musste aber immer wieder abgestützt werden. Sie erreicht man in zehn Minuten zu Fuß vom Kloster aus (ausgeschildert). Im Kloster gibt es ein Museum, das die Arbeit der Stuckkünstler und eine Mariensammlung zeigt.

108 Der Brettlweg bei der Wies

Hinter der Kirche gibt es keine Touristen mehr

Jeder kennt sie – die Wieskirche: Unesco-Weltkulturerbe, 1746–1754 erbaut, das Meisterstück von Dominikus Zimmermann. Wer sie besucht hat, weiß: Busse spucken Ladungen von Besuchern aus. An den Souvenirbuden gibt es das, was Japaner und Amerikaner erfreut: nämlich Bierkrüge mit dem König Ludwig II. drauf, Wanderstöcke und die Wies im Glas mit Flockenwirbel zum Aufschütteln.

Die Gäste haben keine Zeit und keine Augen für die Schönheit rund um das Rokokojuwel. Nur 500 Meter auf dem asphaltieren Wirtschaftsweg ist man schon allein mit ein paar Haflingern und Kaltblütern, die friedlich auf ihrer Wiese fressen, und dem Wald zwischen Wildsteig und Steingaden. Dunkle Moorseen wie der Fronreiter See tauchen auf. Dahinter ragt der Hohe Trauchberg in die Höhe. Durch das Moor führt ein archaisch anmutender Brettlweg. Aber keine Angst, die Konstruktion trägt einen mühelos. Das Naturschutzgebiet, das die Filzlandschaften westlich und südlich der Wies bewahrt, steht im Kontrast zum weitem Kulturland der Bauern mit ihren großen Höfen. Fronreiten hat sogar seine eigene »Wies« – die weithin sichtbare Kreuzbergkapelle, eine Pestkapelle mit Friedhof für die armen Teufel, die während der Seuche 1562/1564 dahingerafft wurden. Auf ihrer Südseite findet sich, wie bei der großen Wies übrigens auch, eine Sonnenuhr. Bei schönem Wetter ist die Wand der Kapelle mit ihren zwei Bänken ein begnadeter Platz zum Naturgenießen.

Am Ende der Wanderung biegt man um die Ecke – und steht wieder vor den Busgästen und Märchenkönig-Krügen.

Kleiner Tipp für Eingeweihte: Hinter der Wieskirche steht ein Schuppen. Darin parkt die Pumpe der Feuerwehr. Die Wies mit ihren paar Höfen und den zwei Gasthäusern hat nämlich seit 1907 eine eigene kleine Wehr. Und eine raffinierte Wasser-Ringleitung rund um die Kirche, damit die Helfer im Brandfall überall die Schläuche anschließen können.

Adresse Pfarramt, Wies 12, 86989 Steingaden, www.wieskirche.de | Anreise Autobahn A96, Ausfahrt Landsberg-West, B17 bis Peiting und weiter Richtung Füssen, in Steingaden links nach Wildsteig, nach vier Kilometern rechts zur Wies. Parkplätze vor dem Ort | Öffnungszeiten Im Sommer 8–19 Uhr, im Winter 8–17 Uhr | In der Umgebung Die Wieskirche hat eine Doppelgängerin – die Pfarrkirche St. Georg in Ingenried. Dominikus Zimmermann baute sie 1745/46. Turm und Dach sehen aus wie die Wies. Tel. 08867/757

109 Das Wildbad Kreuth

Politische Schlachten in der Idylle

Es ist alljährlich zum Jahreswechsel das politische Großereignis in Bayern: Die CSU kommt zur Klausur in Wildbad Kreuth zusammen. Legendäre Auftritte vor laufender Kamera gab es da. Partei-Ikone Franz Josef Strauß erklärte wutentbrannt die Scheidung von der CDU, Günther Beckstein und Erwin Huber stürzten in einer Nachtsitzung ihren Boss Edmund Stoiber. Und das alles vor der herrlichen Kulisse des friedlich daliegenden ehemaligen Kurbads zu Fuß der Blauberge.

Gebadet wurde in dem Tal südlich des Tegernsees seit mehr als 500 Jahren. 1490 wird das Bad »Sankt Leonhard« in Kreuth zum ersten Mal urkundlich erwähnt, elf Jahre später ließ ein Abt ein richtiges Badehaus errichten. Grund waren die gesunden Schwefelquellen, die am nahen Hohlenstein entspringen. Die Tegernseer Klosterbrüder hielten drei Jahrhunderte lang den Daumen auf das Bad, bis sie in der Säkularisation rausgeworfen wurden. 1803 gingen die Gebäude in Privatbesitz über, ein früherer Bademeister legte dafür 500 Gulden auf den Tisch, aber er hatte damit kein Glück. Die Gebäude verwahrlosten wie so viele kirchliche Anwesen. Dann übernahm König Max I. Joseph für 16.000 Gulden das Sagen in Wildbad Kreuth – und es ging wieder aufwärts. Der König ließ 1818/20 den charakteristischen lang gestreckten, zweiflügeligen Badbau und alle Nebengebäude errichten. Die Gäste waren illuster: Kaiser Franz von Österreich, die Zaren Nikolaus I. und Alexander I. sorgten für internationales Flair. 1973 jedoch kam das Aus für das Wildbad, als Sanatorium und Kurhaus geschlossen wurden. Da griff die CSU-nahe Hanns-Seidel-Stiftung zu und pachtete die Gebäude. Die Räume wurden ausgebaut und die Anlage saniert – seit 1988 ist Wildbad Kreuth ein Bildungszentrum mit Tagungsräumen, Festsaal und über 100 Gästezimmern. Und ein beliebter Konferenzort für christsoziale Politiker.

Adresse 83708 Wildbad Kreuth, www.hss.de | **Anreise** Autobahn A8, Ausfahrt Holzkirchen, B318 Richtung Tegernsee, in Rottach-Egern auf die B307 nach Wildbad Kreuth. Parkplätze in der Nähe | **Öffnungszeiten** Das Wildbad ist Tagungsort und kann nur von außen besichtigt werden | **In der Umgebung** Unter der Woche ist der Wallberg ein gutes Ziel für einen Ausflug. Der 1.722 Meter hohe Gipfel südlich des Tegernsees gilt als Sonnenberg. Meiden sollte man aber das Wochenende, dann ist es auf dem Berg ziemlich voll. www.wallbergbahn.de

110__Das Hopfenmuseum in Wolnzach

Futuristische Architektur und grünes Gold

Wolnzach in der Hallertau ist Hopfenland. Eindeutig. Ein Drittel des Weltbedarfs am grünen Gold kommt aus der »Holledau«. Und in Wolnzach, diesem 11.000-Seelen-Ort, ballt sich das Geschäft mit dem grünen Gold. In der Stadt ist die Hopfenforschung angesiedelt. Natürlich hat der Pflanzerverband hier seinen Sitz, auch der Hopfenring, die Qualitätskontrolle und die Verwertungsgenossenschaft. Und wer vom Marienplatz in die Elsenheimerstraße schlendert, steht vor der neuesten Errungenschaft: dem ersten und einzigen deutschen Hopfenmuseum.

Damit klar ist, wem das Museum seine Ehre erweist, haben die Architekten vorgesorgt. Das futuristische Gebäude hat die Form eines Hopfengartens, das Dach mit seinen Stahlträgern erinnert an Hopfensäulen. Im Jahr 2005 eröffnet, lädt das Museum zu einer Zeitreise durch 1.000 Jahre Kulturgeschichte ein. Der Besucher erfährt, dass die Pflanze seit der Völkerwanderung nur als Medizin genutzt wurde, bis 1516 im bayerischen Reinheitsgebot der Hopfen für den Biersud vorgeschrieben wurde. Dass die Pflückerei in den bis zu sieben Meter hohen Stauden kein Zuckerschlecken war, wird genauso wenig verschwiegen wie die Tatsache, dass in den 1960er Jahren viele ihren Job verloren, weil Maschinen billiger waren. Die Industrialisierung sorgte jedoch dafür, dass die Hallertau mit 15.800 Hektar Fläche zum weltweit größten Anbaugebiet wurde. Auch die Sammlung des Museums sprengt alle Rekorde. Nirgendwo finden sich derart viele Exponate zum Thema. Maschinen, Modelle, Stoffe, Geschirr, Fotos, Filme, Bücher und Möbel – alles hat mit dem Hopfen zu tun.

Ungewöhnlich sind die Bierseminare, die das Museum anbietet und bei denen wirklich edle und seltene Sorten aus dem Keller geholt werden. Auch lernt man, dass Bier mehr ist als ein billiges Dosengetränk und der zünftige Wiesnrausch: Oder haben Sie schon mal den Gerstensaft mit feiner Grand-Cru-Schokolade probiert?

Adresse Elsenheimerstraße 2, 85283 Wolnzach, www.hopfenmuseum.de | **Anreise** Autobahn A9, Dreieck Holledau auf die A93, Ausfahrt Wolnzach | **Öffnungszeiten** Di–So 10–17 Uhr | **In der Umgebung** Das Bürgerbräu in Wolnzach steht auf einer breiten Basis: 1.200 Wolnzacher haben Aktien der 1999 gegründeten Brauerei erworben. Führungen mit Bierprobe. www.buergerbraeu-wolnzach.de

111 Die Hopfenstraße bei Zolling

Von der Teststrecke zur Touri-Route

Fast 18.000 Hektar Anbaufläche, rund 1.200 Betriebe: Das ist die Hallertau. Zwischen Amper und Donau dreht sich in vier Landkreisen alles um den Hopfen. Und ohne Hopfen kein Bier! Die beste Art, die sanft hügelige Gegend zu erkunden, ist, gemütlich mit dem Auto auf der Deutschen Hopfenstraße durch das Reich der sieben Meter hohen Stauden zu rollen. Die Touri-Route führt von Zolling nördlich von Freising nach Abensberg. Doch wer weiß, dass die Bundesstraße B301 einst gefürchtet war unter Verkehrsteilnehmern?

Rollt man in Zolling auf die B301 auf, betritt man geschichtsträchtigen Boden. Denn seit dem 12. Jahrhundert rollt der Verkehr auf dieser Trasse zwischen Freising, Au und Abensberg. Allein die Tatsache, dass es wohl bis kurz vor 1700 die einzige Verbindung zwischen München und Regensburg war, ließ die Kassen der Händler klingeln. Doch nicht nur die: Zolleintreibende Bischöfe und Räuber freuten sich gleichermaßen über Zusatzeinkünfte. 1851 fuhr die erste Postkutsche auf der Strecke. Und als 1949 die Bundesrepublik aus der Taufe gehoben wurde, wurde aus der Straße die staatseigene B301.

So mancher Autofahrer verfluchte das 50 Kilometer lange Stück Asphalt. Denn die Fahrbahn war in einem miesen Zustand. »Waschbrettstraße« schimpften sie die amerikanischen GIs, wenn ihr schwerer Armeelaster wieder mal unsanft im Schlagloch landete. Die Autobauer von BMW fanden die B301 dagegen klasse – die Ingenieure nutzten sie als Versuchstrecke für besonders harte Tests.

Ende der 50er Jahre wurde die Bundesstraße endlich ausgebaut. Allerdings musste dafür eine private Interessengemeinschaft Druck bei den staatlichen Stellen machen. Erste Versuche, die Strecke offiziell als »Hopfenstraße« zu bezeichnen, lehnten die Behörden jedoch ab. Begründung: Die Route sei »noch nicht volkstümlich genug«. 2006 hatten die Beamten jedoch ein Einsehen: Die Deutsche Hopfenstraße wurde geboren.

Adresse 85406 Zolling, www.tourismusverband-hallertau.de und www.hopfenland-hallertau.de | Anreise Autobahn A92, Ausfahrt Freising-Süd, B11 bis Freising, dann B301 Richtung Abensberg | In der Umgebung 17.000 Quadratmeter Fläche, 3.000 Sitzplätze: Der Schlossallee-Biergarten in Haag an der Amper ist der größte außerhalb von München. www.biergarten-haag.de

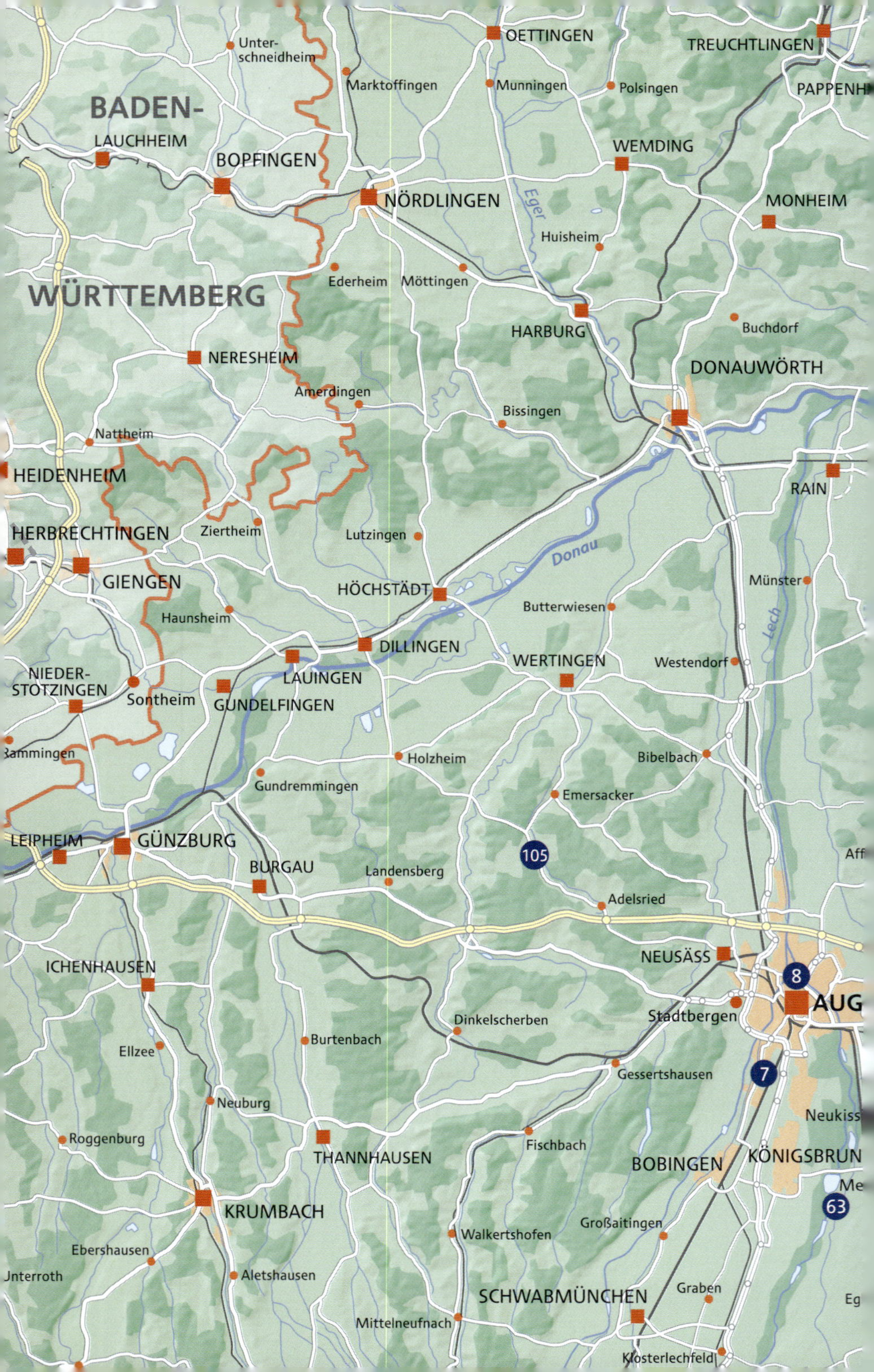

Unter-
schneidheim
OETTINGEN
TREUCHTLINGEN
Marktoffingen
Munningen
Polsingen
PAPPENH
BADEN-
LAUCHHEIM
BOPFINGEN
WEMDING
NÖRDLINGEN
Eger
MONHEIM
Huisheim
WÜRTTEMBERG
Ederheim
Möttingen
HARBURG
Buchdorf
NERESHEIM
DONAUWÖRTH
Amerdingen
Bissingen
Nattheim
HEIDENHEIM
RAIN
HERBRECHTINGEN
Ziertheim
Lutzingen
Donau
GIENGEN
HÖCHSTÄDT
Münster
Butterwiesen
Haunsheim
Lech
DILLINGEN
WERTINGEN
Westendorf
NIEDER-
STOTZINGEN
Sontheim
LAUINGEN
GUNDELFINGEN
Rammingen
Holzheim
Bibelbach
Gundremmingen
Emersacker
LEIPHEIM
GÜNZBURG
105
Aff
BURGAU
Landensberg
Adelsried
ICHENHAUSEN
NEUSÄSS
8
AUG
Stadtbergen
Dinkelscherben
Ellzee
Burtenbach
Gessertshausen
7
Neuburg
Neukiss
Roggenburg
THANNHAUSEN
Fischbach
BOBINGEN
KÖNIGSBRUN
Me
63
KRUMBACH
Walkertshofen
Großaitingen
Ebershausen
Unterroth
Aletshausen
Graben
SCHWABMÜNCHEN
Eg
Mittelneufnach
Klosterlechfeld

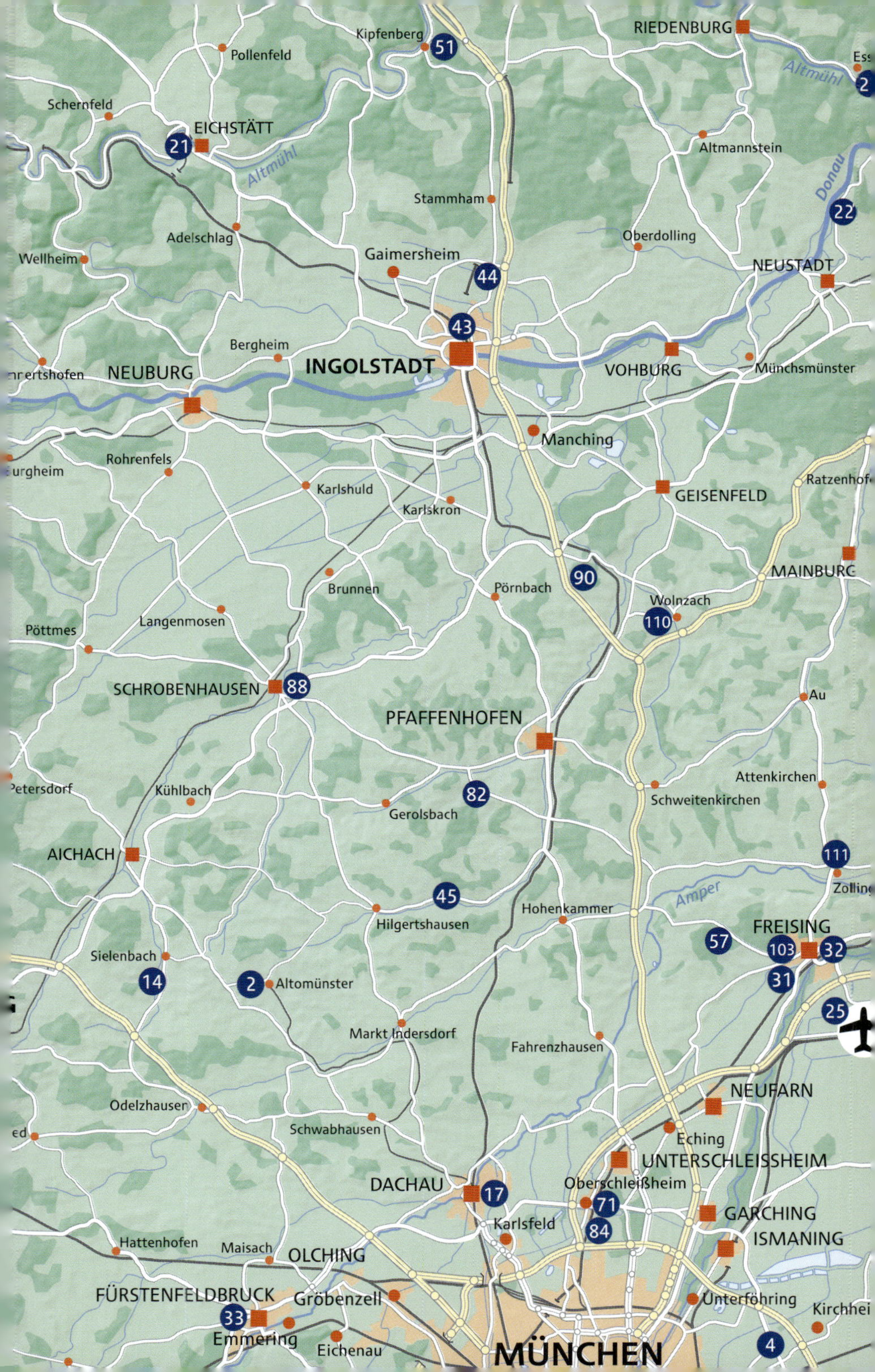

Kipfenberg
51
RIEDENBURG
Pollenfeld
Altmühl
Schernfeld
EICHSTÄTT
21
Altmühl
Altmannstein
Donau
Stammham
22
Oberdolling
Adelschlag
Wellheim
Gaimersheim
44
NEUSTADT
43
Bergheim
INGOLSTADT
VOHBURG
Münchsmünster
NEUBURG
Manching
Rohrenfels
Karlshuld
GEISENFELD
Karlskron
Ratzenhofen
MAINBURG
90
Brunnen
Pörnbach
Wolnzach
110
Langenmosen
Pöttmes
SCHROBENHAUSEN
88
Au
PFAFFENHOFEN
Kühlbach
82
Attenkirchen
Gerolsbach
Schweitenkirchen
AICHACH
111
45
Hohenkammer
Amper
Hilgertshausen
FREISING
57
103
32
Sielenbach
31
14
2
Altomünster
25
Markt Indersdorf
Fahrenzhausen
NEUFARN
Odelzhausen
Eching
Schwabhausen
UNTERSCHLEISSHEIM
DACHAU
17
Oberschleißheim
71
GARCHING
Karlsfeld
84
ISMANING
Hattenhofen
Maisach
OLCHING
FÜRSTENFELDBRUCK
Gröbenzell
Unterföhring
33
Emmering
Eichenau
MÜNCHEN
4

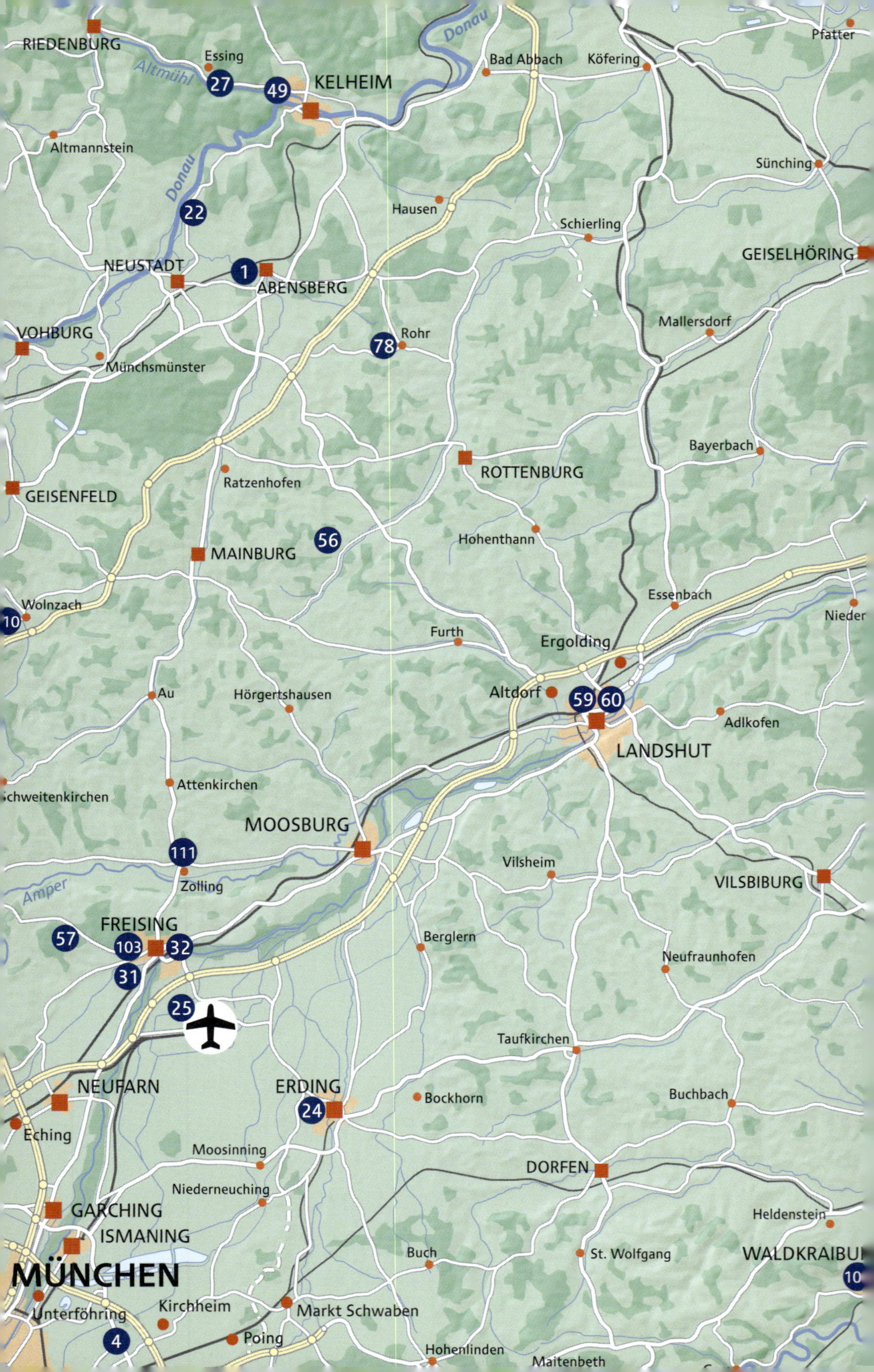
RIEDENBURG
Essing
Altmühl
27
49
KELHEIM
Donau
Bad Abbach
Köfering
Pfatter
Altmannstein
Donau
22
Hausen
Sünching
Schierling
NEUSTADT
1
ABENSBERG
GEISELHÖRING
VOHBURG
Münchsmünster
78
Rohr
Mallersdorf
Bayerbach
ROTTENBURG
Ratzenhofen
GEISENFELD
56
MAINBURG
Hohenthann
Essenbach
Wolnzach
10
Nieder
Furth
Ergolding
Au
Hörgertshausen
Altdorf
59
60
Adlkofen
LANDSHUT
Schweitenkirchen
Attenkirchen
MOOSBURG
111
Vilsheim
VILSBIBURG
Amper
Zolling
FREISING
57
103
32
31
Berglern
Neufraunhofen
25
Taufkirchen
NEUFARN
ERDING
24
Bockhorn
Buchbach
Eching
Moosinning
DORFEN
Niederneuching
GARCHING
ISMANING
Heldenstein
Buch
St. Wolfgang
MÜNCHEN
WALDKRAIBU
10
Unterföhring
Kirchheim
Markt Schwaben
4
Poing
Hohenlinden
Maitenbeth

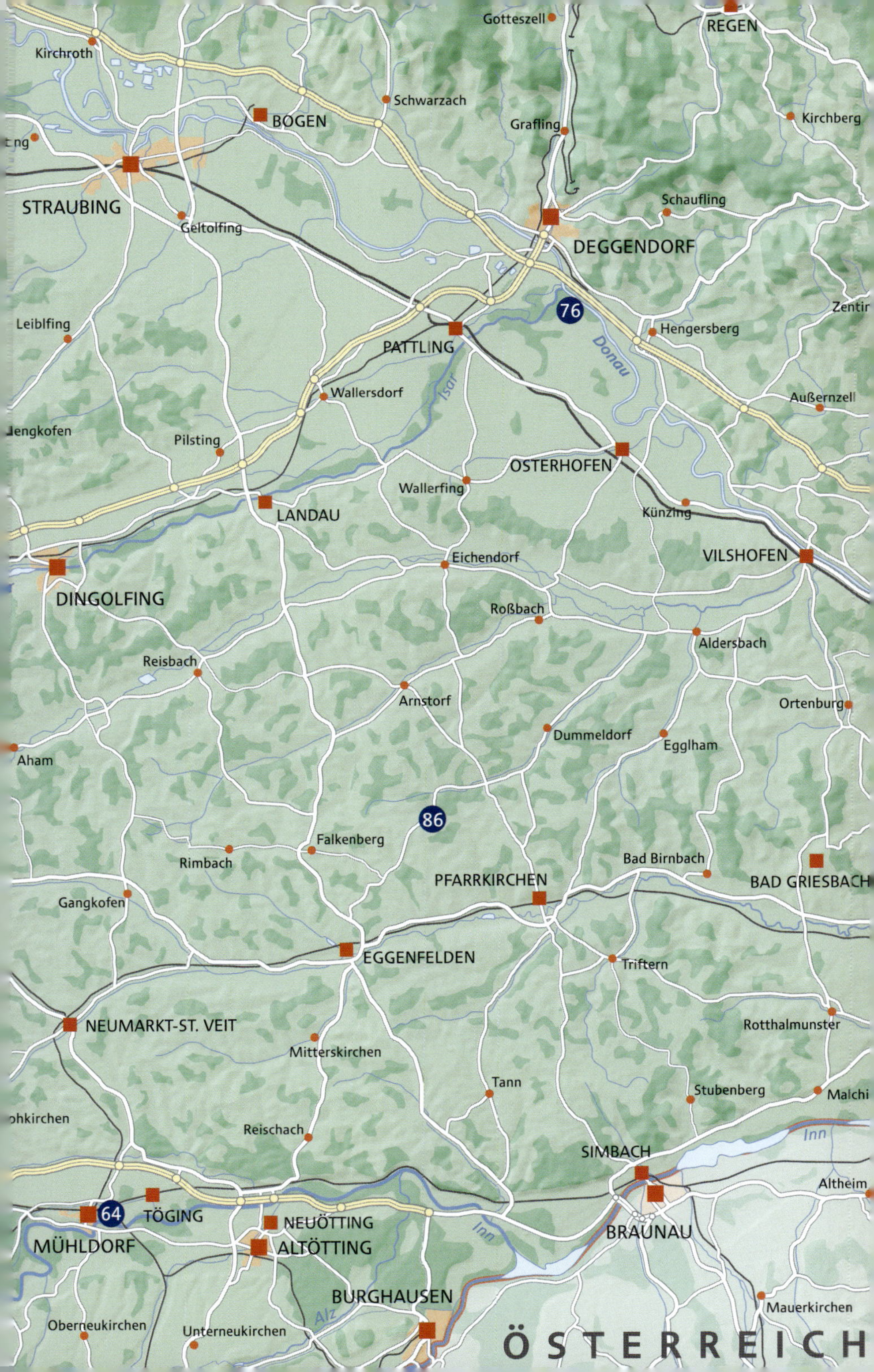

Gotteszell
REGEN
Kirchroth
Schwarzach
BOGEN
Grafling
Kirchberg
STRAUBING
Geltolfing
Schaufling
DEGGENDORF
76
Zentir
Leiblfing
PATTLING
Hengersberg
Donau
Isar
Wallersdorf
Außernzell
lengkofen
Pilsting
OSTERHOFEN
Wallerfing
LANDAU
Künzing
Eichendorf
VILSHOFEN
DINGOLFING
Roßbach
Aldersbach
Reisbach
Arnstorf
Ortenburg
Dummeldorf
Egglham
Aham
86
Falkenberg
Rimbach
Bad Birnbach
BAD GRIESBACH
PFARRKIRCHEN
Gangkofen
EGGENFELDEN
Triftern
NEUMARKT-ST. VEIT
Rotthalmunster
Mitterskirchen
Tann
Stubenberg
Malchi
ohkirchen
Reischach
Inn
SIMBACH
Altheim
64
TÖGING
NEUÖTTING
Inn
MÜHLDORF
ALTÖTTING
BRAUNAU
BURGHAUSEN
Mauerkirchen
Alz
Oberneukirchen
Unterneukirchen
ÖSTERREICH

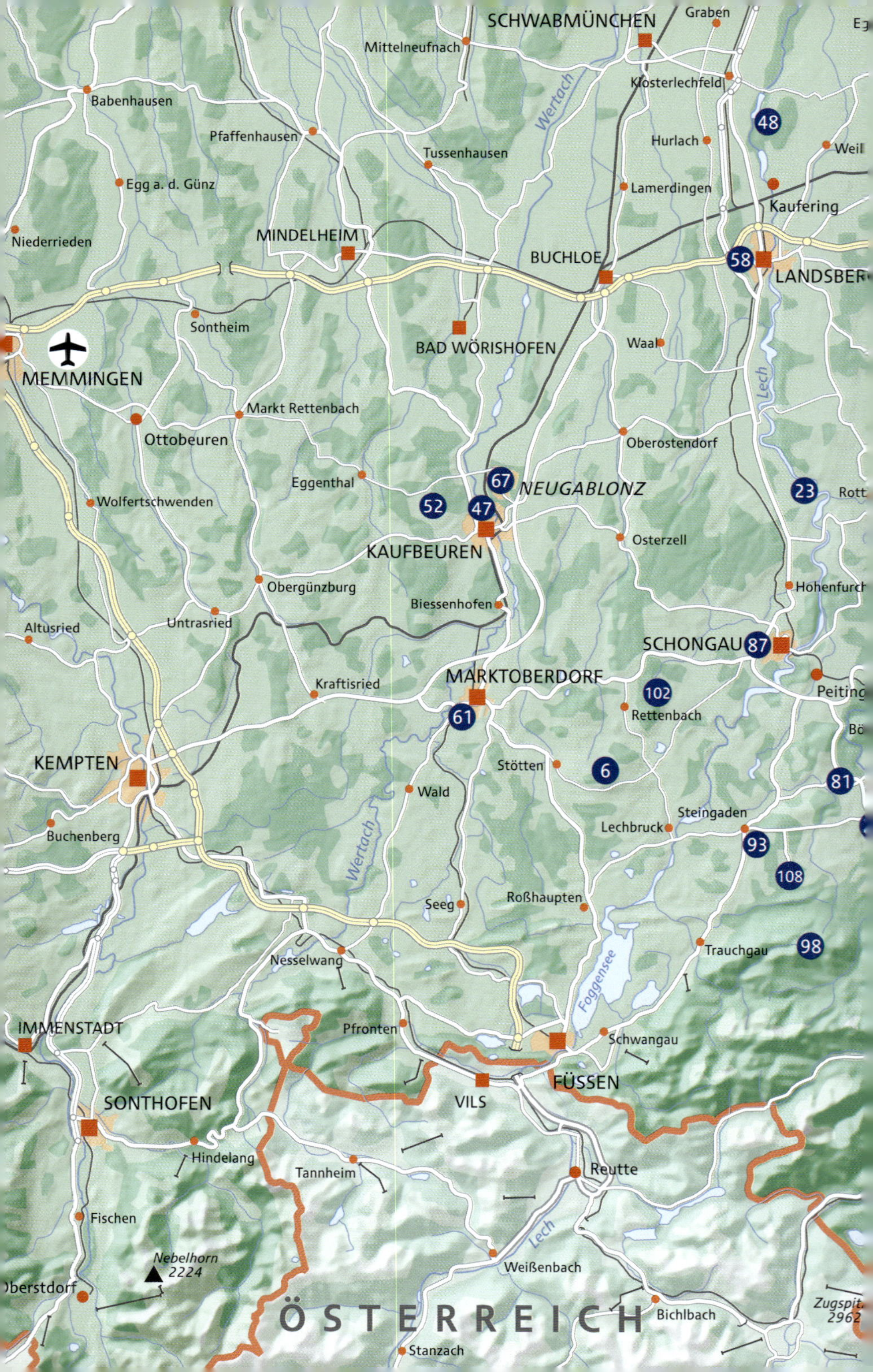
SCHWABMÜNCHEN
Graben
Mittelneufnach
Babenhausen
Klosterlechfeld
Wertach
48
Pfaffenhausen
Tussenhausen
Hurlach
Weil
Egg a. d. Günz
Lamerdingen
Kaufering
Niederrieden
MINDELHEIM
BUCHLOE
58
LANDSBER
Sontheim
BAD WÖRISHOFEN
Waal
MEMMINGEN
Lech
Markt Rettenbach
Ottobeuren
Oberostendorf
Eggenthal
67
NEUGABLONZ
23
Rott
Wolfertschwenden
52
47
KAUFBEUREN
Osterzell
Obergünzburg
Hohenfurch
Biessenhofen
Altusried
Untrasried
SCHONGAU
87
Kraftisried
MARKTOBERDORF
Peiting
102
Rettenbach
61
Bö
KEMPTEN
Stötten
6
Wald
81
Steingaden
Lechbruck
Buchenberg
93
Wertach
108
Seeg
Roßhaupten
Trauchgau
98
Nesselwang
Foggensee
IMMENSTADT
Pfronten
Schwangau
VILS
FÜSSEN
SONTHOFEN
Hindelang
Reutte
Tannheim
Fischen
Lech
Nebelhorn
2224
Weißenbach
berstdorf
Zugspit
2962
ÖSTERREICH
Bichlbach
Stanzach

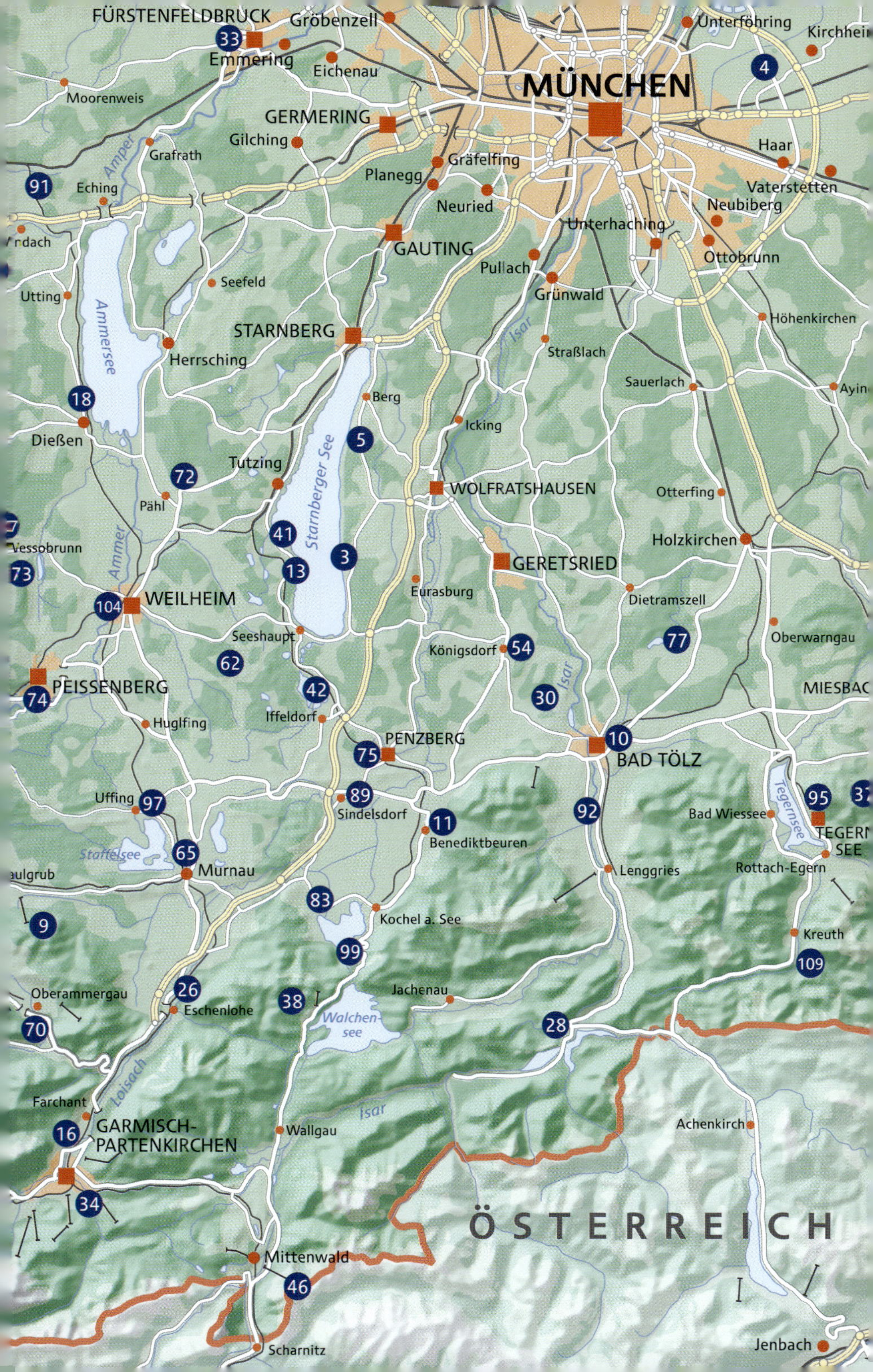

FÜRSTENFELDBRUCK
Gröbenzell
Unterföhring
Kirchheim
Emmering
Eichenau
MÜNCHEN
Moorenweis
GERMERING
Gilching
Grafrath
Amper
Gräfelfing
Haar
Planegg
Eching
Neuried
Vaterstetten
Neubiberg
GAUTING
Unterhaching
Ottobrunn
Pullach
Seefeld
Utting
Grünwald
Ammersee
STARNBERG
Höhenkirchen
Herrsching
Isar
Straßlach
Sauerlach
Berg
Dießen
Icking
Tutzing
Starnberger See
WOLFRATSHAUSEN
Otterfing
Pähl
Vessobrunn
Ammer
Holzkirchen
GERETSRIED
WEILHEIM
Eurasburg
Dietramszell
Seeshaupt
Oberwarngau
Königsdorf
PEISSENBERG
MIESBACH
Iffeldorf
Hugfing
PENZBERG
BAD TÖLZ
Uffing
Sindelsdorf
Bad Wiessee
Tegernsee
Staffelsee
Benediktbeuren
Murnau
Lenggries
Rottach-Egern
Kochel a. See
Kreuth
Oberammergau
Jachenau
Eschenlohe
Walchensee
Loisach
Farchant
Wallgau
Achenkirch
GARMISCH-PARTENKIRCHEN
ÖSTERREICH
Mittenwald
Jenbach
Scharnitz

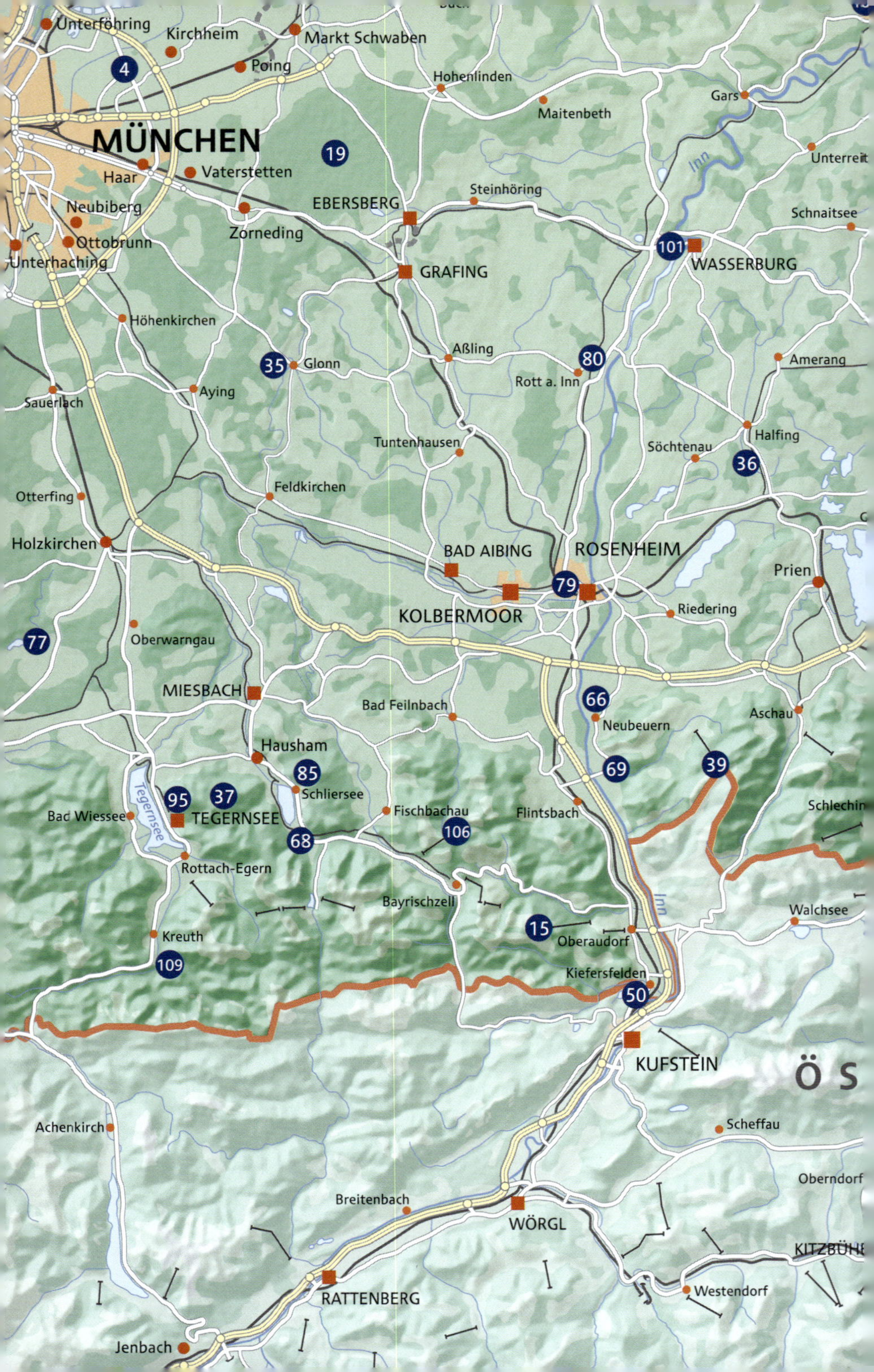

Unterföhring
Kirchheim
Markt Schwaben
Poing
4
Hohenlinden
Gars
Maitenbeth
MÜNCHEN
19
Haar
Vaterstetten
Inn
Unterreit
Steinhöring
Neubiberg
EBERSBERG
Schnaitsee
Ottobrunn
Zorneding
101
WASSERBURG
Unterhaching
GRAFING
Höhenkirchen
Aßling
80
Amerang
35
Glonn
Rott a. Inn
Aying
Sauerlach
Halfing
Tuntenhausen
Söchtenau
36
Otterfing
Feldkirchen
Holzkirchen
BAD AIBING
ROSENHEIM
Prien
79
KOLBERMOOR
Riedering
77
Oberwarngau
MIESBACH
66
Bad Feilnbach
Aschau
Neubeuern
Hausham
39
85
69
95
37
Schliersee
Fischbachau
Flintsbach
Bad Wiessee
Tegernsee
TEGERNSEE
68
106
Rottach-Egern
Bayrischzell
Inn
Walchsee
15
Oberaudorf
Kreuth
109
Kiefersfelden
50
KUFSTEIN
Ö S
Achenkirch
Scheffau
Oberndorf
Breitenbach
WÖRGL
RATTENBERG
Westendorf
Jenbach

KRAIBURG
Oberneukirchen
Unterneukirchen
BURGHAUSEN
Mauerkirchen
Alz
Garching
Hochburg
Neukirchen
ÖSTERREICH
Tarsdorf
Eggelsberg
Munderfing
96
TITTMONING
Franking
Kienberg
TROSTBERG
Berndorf
Fridolfing
TRAUNREUT
bruck
Waging
LAUFEN
Obertrum
Petting
Salzach
Henndorf
Chiemsee
Chieming
Anthering
94
TRAUNSTEIN
FREILASSING
Übersee
Anger
Staudach-Egernbach
Inzell
Ruhpolding
BAD REICHENHALL
SALZBURG
Elsbethen
Unterwössen
Saalach
Marktschellenberg
HALLEIN
Schneizlreuth
Vigaun
Reit i. Winkl
Unken
Bischofswiesen
12
Berchtesgaden
Schönau a. Königsee
Golling
Ramsau
55
Lofer
Waidring
Watzmann 2712
RREICH
St. Johann
St. Ulrich
Weißbach
Salzach
Fieberbrunn
Hochfilzen
Werfen
Saalfelden
Bischofshofen
0
10
20 km
Saalbach
Kartographie: U. Beha

Bildnachweis

Alpenwelt Karwendel 101; Andreas Baar 13, 19, 21, 25, 27, 31, 35, 37, 41, 43, 45, 49, 51, 53, 55, 61, 63, 67, 69, 75, 77, 85, 89, 91, 93, 95, 103, 107, 111, 113, 123; 125, 127, 131, 133, 134, 139, 143, 149, 153, 155, 157, 158, 161, 165, 171, 173, 175, 181, 183, 187, 189, 191, 193, 195, 197, 201, 203, 207, 217, 219, 223, 231; Audi AG 97; Bayerische Schlösserverwaltung 151; Deutsches Museum 177; Dokumentationszentrum Obersalzberg 33; FC Augsburg 23; Flughafen München 59; Freitag/Museum Wald und Umwelt 47; Gästeinformation Neubeuern 141; Gästeinformation Samerberg 87; Golfpark Aschheim 17; Gulbransson-Museum 199; Gut Immling 81; Tobias Hammerl/ Stadtmuseum Abensberg 11; Hans-Seidel-Stiftung 227; Hochschule Weihenstephan 71; Hopfenmuseum 229; Kaiser-Reich Information Kiefersfelden 109; Kaiser-Reich Information Oberaudorf 39; Klosterbrauerei 163; Landratsamt Deggendorf 161; Landwerkstätten 79; Lantenhammer 179; Markt Pfeffenhausen 121; Nicola Förg 83, 105, 117, 185, 205, 213, 225; Rainer Schratt, Mühldorf a. Inn 137; Reiner Lehmann 73; Rennbob-Taxi 119; Staatsbrauerei Weihenstephan 215; Stadt Wasserburg 211; Stadt Schrobenhausen 185; Stadtmarketing Waldkraiburg 209; Therme Erding 57; Tourismusverband Starnberger Fünf-Seen-Land 15; Touristik-Information Schleching 115; Touristinfo Rosenheim 167; Verkehrsamt Nußdorf 147; Verkehrsamt Landshut 129; Waldkletterpark 99; Wasmeier-Museum 145; Wasserwirtschaftsamt Weilheim 65; Wendelsteinbahn 221.

Der Autor

Andreas Baar, Jahrgang 1967, lebt im malerischen Ammertal. Der gebürtige Rheinhesse genießt Bergblick und oberbayerische Kultur. Er ist freischaffender Journalist, schreibt Reiseführer, arbeitet für eine große Münchner Zeitung, verantwortet ein Traktormagazin und fotografiert.

Foto: Britta Schmitz